AF397419

novum pro

Ujhelyi Sándor

Istenfélő ateizmus

*Segíteni csak azon lehet,
aki segítséget kér!*

novum pro

www.novumpublishing.hu

© 2021 novum publishing

ISBN 978-3-99107-838-8
Lektor: Sósné Karácsonyi Annamária
Borítókép és illusztráció: Ujhelyi Sándor
Borító, tördelés & nyomda:
novum publishing

A szerző által a kiadó rendelkezésére bocsátott képek a legjobb minőségben kerültek nyomtatásra.

www.novumpublishing.hu

*„Megbocsájtás az, amikor kinyitod az ajtót,
hogy valakit szabaddá tegyél, majd rájössz,
hogy te voltál bezárva."*

(Ismeretlen szerző)

Tartalom

Előszó

„Kant a 18. század végén feltette a következő kérdéseket: Mit tudhatok, mit kell tennem, mit remélhetek és végül az összefoglaló kérdést, hogy mi az ember? Tulajdonképpen ezek a kérdések ma is időszerűek, és minden gondolkodó embernek valamiféle választ kell/ene/ adnia ezekre. A válaszlehetőségek között vannak a vallási jellegű válaszok, és a nem-vallási indíttatású válaszok. Hogy ki milyen választ tart elfogadhatónak, az nagyon sok összetevőtől függ. A nevelés, az egyéni élmények, a baráti kör, a politikai hovatartozás, életvitel, karrier, kulturális közeg… A társadalmi együttélés minden történelmi korban ezeknek a válaszoknak függvényében bonyolódik.

Ahogy a kérdések is mindig aktuálisak, úgy az együttélés módja is mindig aktuális kihívásként jelentkezik. A történelmi múlt (és jelen) sajnos arról tanúskodik, hogy nem problémamentes ez az együttélés. Akár a demokrácia eszménye, akár a vallási béke ideája mindig távolinak tűnik. Az ide vezető út azonban nyilvánvaló. Ez pedig a toleranciát feltételező dialógus! Ennek gyakorlatához pedig két felismerést kell/ene elsajátítanunk: az egyik az, hogy a nagy kérdésekre nincs „bizonyíthatóan" egyértelmű válasz, a másik pedig az, hogy mindenkinek van valamekkora igazsága, amit az élete mutat meg.

Köszönet a szerzőnek, hogy írásával egy nagyszerű kalandra hív, amelynek során előbbre juthatunk ezen az úton. Jó utat!"

Dr. Beer Miklós

„Hazánk története az elmúlt évszázadban sokszor kapcsolódott össze az eleve vereségre ítélt és ítélendő ügyek képtelenségeivel. „Oly korban" éltünk, amikor az emberi aljasság, az önkény és az irgalmatlanság magasztosult fel, már a hallgatáshoz is bátorság kellett. Két vesztes világháború, a vészkorszak mélységeinek végtelen sötétsége, és az ezt követő évtizedek küszködései jellemezték mindennapjainkat. Ez a mi örökségünk itt, Európa kapujában. A könyv szerzője, Ujhelyi Sándor egy sokgyerekes, bátor és tevékeny lelkészcsaládba született. Szülei egy szigorú erkölcsi normákat követő különös vallási irányzathoz tartoztak a Lutheránus egyház keretében. A felnövekvő lélek számára azonban a veszedelem gyakran nem a sokszorosan zárt falakon túlról leselkedett, hanem belülről emésztette az alkotásra, örömre vágyó lelket. Meg kellett találnia a szabadabb és járhatóbb saját utat. De mindenképpen öröksége, a szolidaritás fontossága, az értékek megőrzése és továbbadása a sokféle zűrzavar ellenére is. Ujhelyi Sándor tehát jó iskolát kapott, és amikor mérnökként mégis inkább a közösségteremtés és a vendégfogadás lehetőségei felé fordult, akkor találta meg igazán önmagát. Megértette, hogy valamennyien az Örökkévaló asztala, az atyai ház meghittsége felé törekszünk, ahol egymás testvérei és nem bírái vagyunk. Micsoda kiváltság – a zsoltáros szavaival – megvallani, hogy „asztalt terítesz nékem ellenségeim előtt". Ezért is lett szerzőnk a 2015-ös menekültügy egyik meghatározó arcává, amikor a Migration Aid csoport megalakításával a menekültek emberséges fogadását és ellátását szervezte és szolgálta. Politizálni annyit tesz, mint a város jólétén fáradozni, éspedig elsősorban nem a múlt emlékeit ápolva, hanem a mában teremtve meg az elvárható ökumené, az együttlakozás működő szeretetének feltételeit.

A könyv egy cselekedetekben gazdag élet jellemző pillanatait villantja fel. A kötet már-már oktatási segédanyagként is kezelhető. Mi mást kívánhatnék, minthogy a hátralévő időben készüljön el a második kötet, az Apostolok Cselekedeteiről szóló könyv 29. fejezete!"

Iványi Gábor

Ajánló egy ateista tollából

„Kedves Sándor!

Köszönöm a megtisztelő lehetőséget. Ámde tőlem ezek a kérdések nagyon távol állnak; lévén ateista és asztrológus – azaz racionális – beállítottságú vagyok. Bár tudnék „vitatkozni" avagy hozzászólni néhány gondolatodhoz; de az egy másik könyv lenne. A könyved címe igazából te vagy! Lévén Vízöntő jegyben a Napod – aki semmilyen vallásban nem hisz. No de hívő családba születtél! Érdekes, és tele ellentmondással. Ezért feszegeted e témát.

Kinek ajánlanám ezt az írást? Senkinek és mindenkinek!

Talán lehetne hosszabb terjedelmű. Ebből akár több száz oldalt is meg lehet tölteni tartalmasan.

Az emberi élet értelme itt a Földön szerintem: fajfenntartás, ideális társ megtalálása, emberi kapcsolatok ápolása és képességeink hasznosítása. Sem előtte, sem utána nincs semmi. („Porból vétettél és porrá leszel!")

Ha beleteszed könyvedbe soraimat, megköszönöm.
Üdvözlettel, Tamás"

Ajánló egy ateista tollából

„Nincs még 2 éve, hogy ismerem Ujhelyi Sándort. Mikor megtudtam, hogy kiadni készül gondolatait, jelentkeztem, hogy én (is) írhassak előszót művéhez.

Első kérdésem teoretikusan: Miért volt a benső késztetés e könyv megírására? Utat keres, vagy kiutat? Van-e lét a halál után és kiknek? Számvetés 60 éves kor előtt?

Érezhető a sorok közt a vívódás a hit és az általam követett ateizmus között. Az író gyermekkora miatt is látom a menekülést a hithez, és a menekülést a dogmatikus egyházaktól.

Ez nem vallástörténeti könyv, de kitekintés a kereszténységen túlra és betekintés a kereszténység hitvilágába.

Mélyen átitatja a humanizmus. Talán pont e vívódás miatt kezdett el aktívan párt-politizálni a szerző!

Végezetül summázva Ujhelyi Sándor hitét: „Testvéreim, mit használ, ha valaki azt állítja, hogy van hite, belőle fakadó tettei azonban nincsenek? Üdvözítheti-e őt az ő hite?" (Szent Jakab apostol levele)

Várnai György

*Édesapámnak, aki a jóra, és Édesanyámnak,
aki a szeretetre tanított...*

*„Hidd, amit hinni tudsz, tedd, amit tenni vagy képes,
és engedd, hogy megtörténjen, ami megtörténhet."*

(Szabics Kata)

Szeretetteljes üzenet egy kórházi ágyról

Az általam nagyon szeretett Erzsébet nővérem elvállalta, hogy miközben küzd a rákkal, két kemoterápiás kezelés között elolvassa a kéziratomat, és aztán az alábbi levelet küldte részemre:

„Drága Útkereső Testvérem!

Köszönöm, hogy megosztottad velem gondolataidat, amelyek foglalkoztatnak. Soraid által még közelebb kerültél hozzám! És lesznek emberek, akikben elindítasz majd egy pozitív folyamatot.

Nem akarok elméleti fejtegetésekbe kezdeni, hisz' alig tudok valamit.

Engem a »Mit hogyan csináljak« foglalkoztat, de nagyon. A könyv fontos. Én is sokat olvastam, és olvasmányaim által kelt fel bennem a vágy, hogy megtapasztalhassak dolgokat. (Hogy kell magamat szeretni, mint felebarátomat, hogy »Isten országa bennetek van«, hogy »a betű megöl, a szellem megelevenít«, és sorolhatnám.)

Hogyan csináljam ezeket?

Hogyan tapasztalhatnám meg Istent, a Valóságot, akit nem egy szoborként vagy kívülállóként képzelek, hanem akivel kapcsolatba kerülhetek úgy igazán, harmóniában. Megtapasztalhatom…

Az egyéni megtapasztalás a legfontosabb. Hiszen minden emberből 1 van. Egyéni az útja. Amilyen »módszer« nekem jó, nem biztos, hogy a másik embernek is az. Ami nekem működik az életemben, nem biztos, hogy másnál is működik.

Bárki bármit mond magáról, minden ember Isten képmása és hasonlatossága. Isten bennünk van, ez igazán nagyszerű! Egy »kincsesbánya« vagyok! Ennek megtapasztalása pedig különösen az!

Óriási, hogy szabadok vagyunk, szabadon élhetünk, választhatunk, tanulhatunk, tapasztalhatunk, és ha megszületik az igény bennünk, hogy tovább nézzünk, lássunk az anyagon, az Isteni mivoltunkat tudjuk tovább »mívelni«, és Vele egyesülve haladni a szeretet útján. Számomra ezért fontos minden pillanat, perc, nap ezen a földön, mert lehetőséget ad erre.

Annyira szeretnék még élni!

Megtapasztalni, hogy is lehet jól csinálni! Szabadon, spontán, boldogan, együttérzőn, szeretetben, összefogásban építve egyik a másikat. Lezárva a rossz hagyományokat, beidegződéseket, elméleteket és mindent, ami keserűséget jelent. Időt kérek még, amit egyre klasszabb állapotban tudnék eltölteni, másnak is örömére és segítségére. Istenem, ezt szeretném! Kérlek, hogy megkaphassam!

Itt, a Földön szeretném megtapasztalni az el nem múló boldogság állapotát! Ó, de jó lenne!

Ha a másik ember iránti elvárásainkat szeretet váltja fel, akkor leszünk boldogok!

Szeretettel, » Útkereső Testvéred«, Egérke"

Köszönet...

- ✓ Iványi Gábornak, aki önzetlen szeretetével és megszégyenítő hitével megerősített,
- ✓ Dr. Beer Miklósnak, hogy rendkívüli módon lelkesített eme munkámban,
- ✓ Erzsébet nővéremnek, aki súlyos betegsége ellenére is vállalta, hogy megtapasztalásaival segít a bajban lévőknek, nekem is,
- ✓ Dr. Fabiny Tamásnak, dr. Beer Miklósnak, dr. Frölich Róbertnek, Iványi Gábornak, Karsai Gábornak, Kovács Miklós Ahmednek, Frenyó L. Bélának, a Dalai Lámának, hogy válaszaikkal megtiszteltek,
- ✓ Mindenkinek, aki közreműködött észrevételeivel, véleményével a könyvem megírásában,
- ✓ A Novum Publishing Kiadó munkatársainak, akik tökéletes munkát végeztek a nyomdai előkészítésben illetve e könyv kiadásában,
- ✓ Kökénynek a fotókért

Köszönöm!

Bevezető

„Nem mindenki, aki ezt mondja nékem: »Uram, Uram!«
megy be a mennyek országába; hanem aki cselekszi
az én mennyei Atyám akaratát.”
(Szent Biblia, Máté 7. 21.)

„Mi nem emberi lények vagyunk spirituális tapasztalatokkal,
hanem spirituális lények vagyunk, emberi tapasztalatokkal.”
(Teilhard de Charlin)

„Nincsenek jó és rossz emberek. Vannak EMBEREK,
akik néha jó és néha rossz döntéseket hoznak.”
(Szalay Bence, „A Viszkis” című film főszereplője)

2020 karácsony másodnapján

Minden csoda három napig tart, tartja a mondás, s a szeretet ere-
je a legszebb csoda.

Idén a mai az utolsó nap, mikor még „kötelezően” szeretni kell
a másikat, erőt véve magadon eljátszani, hogyan tombol benned a
szeretet ereje. (Tisztelet a kivételnek.) Majd holnap reggel felléle-
gezvén visszatérsz eredeti kis közegedbe, s újra posztolhatod, meny-
nyire eleged van a világból s karácsonyi zenék helyett inkább Tokió
Hotelt hallgatsz, vagy más olyan stílusú zenét, melyből inkább raj-
tad lesz a világfájdalom. Érdemes volt? Érdemes volt három napra
felvenned eme álarcot? Nem szorított, vagy nem lenne jobb inkább
békében élned Magaddal? Mert addig nem lesz béke körülötted, míg
saját magad el nem fogadod. Bizony mondom, félve gondolok a hol-
napra s félve gondolok arra, hogy újra beindul eme mocskos gépezet.

*Azt mondom, legyen inkább minden nap eme három nap szellemé-
ben… szép álom, de holnap reggel bizony mindannyian felébredünk.*

*Tisztelet a kivételeknek, kik nem csak eme három napon vannak
odafigyeléssel az embertársaikra.*

(Kovács István Ádám, az „Egy tábla szeretet" mozgalom alapítója)

2020 karácsonyán kezdem el írni ezt az írást, amikor is vírus, jár-
vány, bezártság van. Így most van időm bőven arra, hogy nekiül-
jek ennek a régóta tervezett feladatnak.

Dühöng a világban a vallási alapon történő kirekesztés, sok-
felé kormányprogram lett az idegengyűlölet, a más vallásúak
démonizálása. Azt gondolom, hogy bizonyos körökben nem lesz
népszerű ez a mű. Egyes politikai és egyházi vezetők, sőt a vallási
fanatikusok körében biztos nem. De én nem velük kívánok vitat-
kozni. Őket minősíti és megítéli a tőlük elforduló emberek tömege.

Néhány éve az egyik fiatal munkatársam nagymamája teme-
tése után igen felindultan mesélte a temetésen történteket. A
pap (itt most mindegy, melyik vallás képviselője) közölte, hogy
a nagymama el fog kárhozni, mert nem járt templomba és nem
fizetett egyházi adót. Kollégám könnyeivel küszködve mondta,
hogy „Főnök, nekem a nagymamám szinte többet jelentett szá-
momra, mint az édesanyám, aki állandóan kénytelen volt dol-
gozni. Igazából a nagyi nevelt fel, hatalmas szeretetével felké-
szített az életre. És most erre ez a pap ilyeneket mond! Most
akkor mi lesz vele, tényleg a pokolba fog jutni?" – kérdezte tő-
lem elcsukló hangon.

De vajon kinek is van igaza? Az biztos, hogy nem az én felada-
tom az „igazságosztás", erre nem is vállalkozom. Nem kívánok
vallástudósok, teológusok hitvitájába bekapcsolódni, egyszerű
emberként keresem a választ olyan kérdésekre, ami minden em-
bert foglalkoztat.

A világban egyre jobban elharapódzó, államilag támogatott,
erőszakos hittérítés, vagyis a saját hitnek a másikra való erőszakos
rátukmálásának kiváló példája Kásler miniszter idén karácsonyi

körlevele a magyar pedagógusokhoz, illetve az erre adott válasz Mendrey László részéről.

Idézet Kásler leveléből:

„Köszönöm Önöknek, hogy az év minden napján a Krisztusi parancsoktól vezérelve, kitartóan, alázattal, legjobb tudásuk szerint teljesítik küldetésüket a magyar oktatásért, a magyar ifjúságért. Kívánok Önöknek meghitt ünnepi készülődést, áldott Karácsonyt, sikeres újesztendőt és jó egészséget!

Tisztelettel:
Prof. Dr. Kásler Miklós, az emberi erőforrások minisztere"

Majd Mendrey válaszából néhány sor:

„Miniszter úr!
Ön arra a szekularizált állam tényét rögzítő Alaptörvényre tett esküt, mely tilt mindenféle megkülönböztetést. Ebből következően Önnek, mint az ágazatért felelős miniszternek nincs joga nyílt és egyértelmű világnézeti elkötelezettséget mutató levelet hivatalán keresztül eljuttatni hazánk összes iskolájába. A hit az egyén legbensőbb sajátja, nem tartozik a nyilvánosságra. Sem Ön, sem más ember esetében. Kérem, tartsa ezt tiszteletben!

Üdvözlettel: Mendrey László, a PDSZ egykori elnöke, volt pedagógus, közoktatási szakértő"

Visszaemlékezve az elmúlt évtizedekre, így hatvanhoz közeledve, már sokat látott az ember. Sok mindent megéltem, hallottam, de valahogy az elmúlt évek „vallási" eseményei durvábbnak tűnnek, mint bármikor voltak eddigi életem során. Valahol a középkori erkölcsöket és valláshűségi elvárásokat kezdik visszahozni.
A történelemben mindig is voltak vallásháborúk, emberek millióit áldozták fel a vallási és a vallás mögé bújó állami vezetők a hitük oltárán, és ez alól egyik vallás sem kivétel. Természetesen

a cél mindig is az embereken való uralkodás volt, és ehhez soha nem szégyellték az állami vezetők igénybe venni az egyházak közreműködését, akik júdáspénzért sok esetben készek voltak kiszolgálni az adott hatalmat.

De a lelkeken való uralkodás nem idegen az egyházaktól, hatalmuk kézben tartásához bármikor készek békétlenséget szítani. A múlt században Mahatma Gandhi sokat küzdött a hinduk és muzulmánok közötti béke megteremtéséért; Írországban a katolikusok meg a protestánsok irtották egymást; zsidó – arab háború, s most újra a keresztények meg a muszlimok között dúl állítólag vallásháború, eközben egyes politikai vezetők erőszakkal akarják a kereszténységet ráerőltetni a többiekre. A másik oldal az iszlámot… újra a középkorban érezhetjük magunkat, a keresztes háborúk idején. Persze ha jobban megnézzük, most is gazdasági, hatalmi érdekek vannak a háttérben, a vallásháború köntösébe bújtatva.

Az arab világ természeti kincsei – kőolaj, földgáz – még hosszú évekre predesztinálja a háborús helyzetet.

Nem posztom támadni az egyházakat, és nem is akarom. Megvan a véleményem a vallások és az egyházak emberek által létrehozott hatalmaskodó szervezetéről, de most nem ennek a firtatása a cél, nem kívánunk gerjesztőivé válni a vallásháborúknak.

Egy biztos: minden ember életét hosszú időre, akár évtizedekre is meghatározza az a közeg, amelyikbe beleszületett! Tehát ezért is tartjuk téveszmének a vallási alapon történő kirekesztést! Ha egy gyermek egész neveltetése alatt valamelyik vallásban nőtt fel, senki sem kényszerítheti a szinte az anyatejjel magába szívott hitvilág feladására! Nem, nem és nem! Az, hogy felnőttként esetleg megismer más tanokat és ezek hatására „hitet változtat", az az ő egyéni szabadsága, döntése, és legbelsőbb ügye. Az emberi „szabadakarat" erőszakos befolyásolása – akár állami, akár hitéleti eszközökkel – az ember szabadságának és szabad akaratának a sárba tiprása!

„Ma több, magát evangéliumi közösségnek nevező hittársaság van, akik pszichikai bűnsegédként folyamatosan heccelik a világ egyes

vezetőit, mint Donald Trumpot is, helyeselték annak ámokfutását, tudatos károkozását, az amerikai és a világpolitika összezavarását, a demokratikus értékek és kapcsolatok lezüllesztését." (Echter István)

Talán érthetetlen a bevezetőben Kovács István Ádám írásának az idézése, de ezzel kívántuk ráirányítani a figyelmet a „szokás" alapú viselkedés, életvitel és a szívből, belülről jövő őszinte viselkedés közti különbségre. Ezt az érzést mindannyian jól ismerjük. Ha csak a „szokás" vezet, akkor minden dogmává válik, érzéketlenül gépiessé, és akkor képtelenek vagyunk kezelni egy ilyen félrecsúszott pap istentelenül kegyetlen temetési beszédjét is! A „szokásokhoz" való kategorikus ragaszkodás a mindenkori fejlődés legfőbb gátja! Felnőtté kell válnunk, meg kell találnunk a helyünket a világban, sokszor talán félretéve vagy átértékelve a gyerekkori behatásokat.

Jelen könyv írása közben létrehoztunk egy Facebook-oldalt, ahol a könyv egyes részleteit folyamatosan megjelentetjük, várva menet közben a témával kapcsolatos kérdéseket és észrevételeket. De erre majd később, egy külön fejezetben visszatérünk.

1. FEJEZET

Mit is ad egy vallás a követőinek?

Először is szét kell választanunk egymástól a „vallás" és az „egyház" fogalmát! Ugyan is itt van az a csapda, amikor az egyik vallás követőit elítéljük, miközben csak annak a vallásnak valamilyen egyháza vagy vezetője lázít, szít békétlenséget.

Mi is az a „vallás"?

Idézet a Wikipédiából: „A vallás olyan egyetemes és átfogó fogalom, amelyre nehezen adható meghatározás: »élményszerű találkozás a szenttel és a szenttől meghatározott ember válasz-cselekménye« (Gustav Mensching, 1959). Másképpen: »szellemi lényekbe vetett hit« (Edward Burnett Tylor, 1871).

A két fogalomleírás eltérése a megközelítésből ered; az első a vallás megnyilvánulásait foglalja össze, a második a lényegét próbálja megragadni. Az első funkcionális, a második szubsztanciális szemléleten alapuló meghatározás.

A fentieknél a vallásnak még általánosabb megfogalmazását adja Helmuth von Glasenapp (1891–1963) valláskutató, amikor az alábbiakat írja *Az öt világvallás* c. könyvében: Vallásnak azt a – megismerésben, gondolkodásban, érzésben, akaratban és cselekvésben kifejeződő – meggyőződést nevezzük, amely szerint személyes vagy személytelen transzcendens (fel nem fogható, természetfeletti) erők vannak működésben."

És mi az az egyház?

Ismét idézet a Wikipédiából: „Az egyház azonos hitelveket követők vallásuk gyakorlása céljából létrehozott társadalmi szervezet. Köznapi szóhasználat szerint a keresztény hívek szervezett közössége. Az egyház egyes nézetek szerint nem más, mint az intézményesült vallás."

Minden vallás, és ezzel együtt az egyházak valamiféle erkölcsi iránymutatás, életstílus-meghatározó, viselkedési kódex, ünnepek, hajviseletek, öltözködés, nemi élet, gyerekvállalás meghatározója. Emellett még ráirányítja a figyelmet a társadalmi egymásra szorultságra, a szegények támogatására. (Persze ez alól vannak kivételek, kijelentve, hogy az egyház nem jótékonysági intézmény.) Spirituális alkalmakat biztosít a teljes földi életünk eseményeire, legyen az keresztelés, esküvő, temetés. Lelki békét nyújt, segít a bajok elviselésében. Közösséget teremt ideológiai alapon, az „egymáshoz tartozás" vélt vagy valós érzésével. De leginkább a jövő „ígéretével" csábít, vagy néha zsarol, vagyis az általuk hirdetett Mennyországba, a Paradicsomba csak a vallás által meghatározott feltételrendszer teljesítése után juthatsz be!

Mi is az a Mennyország, a Paradicsom?

Kivonat a Wikipédiából, a szabad enciklopédiából:

„A mennyország a vallási-teológiai nyelvben az Istentől remélt és beteljesült üdvösség, az üdvözült embernek juttatott örök boldogság helye, ahol Isten, az angyalok, a szentek stb. élnek. A keresztény és a zsidó vallás szerint Isten és angyalai transzcendens lakhelye. A látomások, meditációk, különféle vallási nézetek és művészi alkotások számtalan formában mutatták be a mennyország elképzelését.

Rövid neve: menny, egyéb nevei: mennyek országa, Isten országa, Dzsanna stb.

Egyéb megnevezései: beteljesedés, örök boldogság (hona), a szentek öröksége, hazája stb.

Az ábrahámi vallások (a <u>kereszténység</u>, az <u>iszlám</u> és a <u>zsidóság</u>) alapján az ember halála, illetve a végítélet után mindenkiről eldől, hogy a mennybe kerül-e vagy a pokolba, a Sátán birodalmába.

A katolikus modernista teológiában a mennyország pusztán egy metafora.

Az iszlámban a mennyet jelölő arab kifejezés a dzsanna (ةّنج = kert) és a firdausz (سودرف = paradicsom).

A Korán korai szúrái igen érzékletesen írják le a mennyország gyönyöreit és a pokolban elszenvedendő büntetéseket."

Eddig még nem is lenne bajunk ezzel az egésszel, a fő baj, hogy szinte mindegyik egyház azt állítja, hogy csak az ő követői öröklik az általuk felkínált mennyet!

Most akkor melyik egyháznak, vallásnak van igaza? Hány mennyország van? Lesz külön keresztény, zsidó, muszlim, hindu Paradicsom? Ha egy az Isten, még ha különbözően nevezik is a vallások, akkor csak egy „Paradicsomnak" kell lennie?

Újabb idézet a Wikipédiából:

„Hinduk és buddhisták, konfuciánusok és taoisták egyaránt hisznek egy olyan természeti és erkölcsi világtörvényben, amely a „kezdet és vég" nélküli kozmikus folyamatot irányítja, míg a kereszténység, az iszlám és a zsidóság a személyes Istenben hisz, aki a világot a semmiből teremtette, és azt gondviselésszerű irányításával vezeti a végső cél felé.

A három nagy keleti vallás (hinduizmus, buddhizmus, kínai univerzizmus) megegyezik abban, hogy etikáját a világ immanens (azaz belsejében rejlő, természetéből következő) erkölcsi rendjére alapozza. Nincs különösebb jelentősége annak, hogy az erkölcsi törvény hordozójaként, illetve végrehajtó szerveként feltételeznek-e egy személyes vagy személytelen isteni lényt vagy sem, hiszen ezeknél az erkölcsi cselekvést, valamint az ebből következő sorsot meghatározó irányelv tulajdonképpen mindig a kozmoszban benne rejlő dharma vagy tao.

Egészen másfajta a szerkezete az ábrahámi vallásoknak, a kereszténységnek, az iszlámnak és a judaizmusnak. Ez a három vallási forma abszolút teocentrikus. A világ személyes kormányzójának létezésében való hit nincs a hívők tetszésére bízva, hanem a valláshoz tartozás elengedhetetlen előfeltétele. Ezekben a vallásokban a mulandó földi élet rövid időszaka alatt tanúsított magatartás határozza meg az örök üdvösség vagy az örök kárhozat változtathatatlan, maradandó állapotát, amely a végítélet után következik.

Minden vallási gyülekezet a saját vallását tartja az egyedül igaznak vagy legalábbis az abszolút igazság legmagasabb rendű és legadekvátabb kifejezési formájának, minden más tanítást csekélyebb értékűnek – ha nem éppen teljességgel hamisnak – ítél. Egy adott tanítás igényeinek vizsgálatakor ezért rendkívül fontos tisztázni, mivel próbálja elsőbbségi jogát alátámasztani, és miért tulajdonít csekélyebb értéket minden más rendszernek."

Amikor egy alkalommal egy misszionárius azt jegyezte meg Gandhinak, hogy Jézus tanítványának tartja őt, Gandhi így válaszolt:

„Az is vagyok, habár más értelemben, mint ahogyan azt Ön valószínűleg gondolja. Én ugyanis Buddhának, Krisnának és Mohamednek is tanítványa vagyok. Ők valamennyien ugyanazt akarják: igazságot, szeretetet és becsületességet.

Meggyőződésem szerint azonban – folytatta erre a misszionárius – Krisztus a legfőbb igazságot hozta, mégpedig Isten kinyilatkoztatásaként.

Ha erről én is meg volnék győződve – felelte erre Gandhi rendkívül barátságos mosollyal –, akkor nekem is meg kellene keresztelkednem."

Félreértés ne essék! Mi most nem a világvallásokat kívánjuk összehasonlítani, és főleg nem kívánunk közöttük igazságot tenni. Egészen más a motivációja ennek az írásnak. Azt érezzük, hogy miközben minden vallás a békét hirdeti, egyikük sem fogadja el az ateistákat, és egyikük sem hajlandó békében élni a másik vallással, ugyanakkor minden ember keresi a válaszokat az életében.

2. FEJEZET

Hétköznapi konfliktusok, avagy az egyházi kirekesztés

A múltkor egy ismerősöm dühösen mesélte, hogy keresztény unokahúga szeretett volna megesküdni egy arab fiúval, de a muszlim imám közölte, hogy amíg nem tér át a hölgy a muszlim hitre, addig szó sem lehet az esküvőről. A nagybácsi szinte magából kikelve szidta a muszlimokat, hogy mit képzelnek ezek, idejönnek Európába, és azt akarják, hogy az unokahúga megtagadja Krisztust!

– Istvánom! – válaszoltam neki –, elmesélek neked egy történetet. Itt, Magyarországon, Európa közepén, 2019 nyarán bejött hozzám az étterembe egy házasulandó pár. A katolikus fiú el akarta venni a zsidó lányt, de egyik egyház sem vállalta az esküvőt, csak akkor, ha a másik vallást változtat. Ezt egyikőjük sem akarta, mert nem tartotta fontosnak, ezért más megoldást kerestek. Egy baptista lelkész viszont vállalta a ceremóniát, így végül is az éttermünkben szerették volna az esküvői ceremóniát lebonyolítani. Megengedem? – kérdezték. Nem kérdés – válaszoltam.

– Szóval, Istvánom, miről beszélünk?

Gyerekkori barátom a szegényeket segítő, nagy országos hálózattal rendelkező magyar baptista egyház egyik intézményének volt az igazgatója. Az egyik alkalommal a vezető lelkészük Úrvacsorát osztott az az általa vezetett intézményben. A barátom is szeretett volna részesülni a „közösségben". „Szó sem lehet róla" – intett nemet az ujjával a pap, és mint evangélikus vallásút, elküldte a saját intézményének az igazgatóját!

De van jó példa is! Egy másik alkalommal viszont egy palesztin lányt vett el egy jordániai fiú az éttermünkben, ahol érdekességképpen a videós egy zsidó vallású volt. Az aznapi egyéb programok egyeztetésekor derült ki, hogy a szomszéd terembe tervezett meglepetés-születésnap 50 éves ünnepeltje a KDNP önkormányzati képviselője. Közöltem a feleségével, aki a meglepetés-szülinapot szervezte a férjének, hogy – ismerve a kormány iszlámellenességét – bizony a másik szomszédos teremben milyen esküvő lesz. „Ha úgy gondolják, nyugodtan mondják vissza a foglalást!" – mondtam neki. A hölgy válasza: „Miért is? Ők is emberek!" Este, amikor a hangulat már a tetőfokára hágott, a két társaság együtt táncolt. Igen, ezt el tudom fogadni!

Mellékesen megjegyzem, hogy a zsidó-katolikus esküvő idején a másik teremben egy leszbikus pár esküvője zajlott; ilyen hely volt ez a mi néhai éttermünk!

Néhány hónapja Erdélyben jártam, ahol megismerkedtem egy adventista vállalkozóval. Példaértékű életet él, vagyonából folyamatosan gondoskodik a rászorulókon, mondhatni, jó ember. Beszélgetni kezdtünk a vallásról, hitről. Aztán egyik kijelentésem – amikor azt mondtam, hogy nem a vallásán múlik, hogy ki lehet részese az örök életnek – kiverte nála a biztosítékot. Erre ő enyhe gúnnyal fordult ugyancsak jelen lévő hitbeli üzlettársához: „Hallod, ez a Sándor azt állítja, hogy a muszlim is üdvözölhet!"

Kategorikusan kijelentette, hogy csak az, aki elfogadja Jézus Krisztust, és aki áttér a keresztény hitre. Vagyis a muszlimok, a hinduk, buddhisták, konfuciánusok és taoisták mind mennek a levesbe.

A fentiek után kíváncsiak voltunk az egyházi vezetők véleményére, mit is gondolnak a fentiekről, ezért a következő levelet küldtük meg nekik, amelyben az alábbi kérdést tettük fel:

Idézem az egyik levelet:

„Dr. Veres András Úr, győri megyéspüspök, a Magyar Katolikus Püspöki Konferencia elnöke
    Tisztelt Elnök Úr!
    Könyvet írok elsőkönyves íróként, mely könyvnek a címe egyelőre „Istenfélő ateizmus".
    Nagy szomorúsággal tölt el, hogy a békét, egymás megbecsülését, a szeretetet hirdető egyházak egymással állandó háborúban állnak. Nem véletlen, hogy ezért nagyon sokan hátat fordítanak az egyházaknak, de azért mégis csak keresik a válaszokat

az életükben, egy oldalról ateistának tartva magukat, de végül is kijelentik, hogy istenhívők, csak másként!

A következő kérdést teszem fel minden magyarországi egyház vezetőjének.

A kérdés: **Ha egy muszlim, hindu vagy ateista ember az ő eredeti hitében hal meg, akkor eljuthat-e az Önök vallása szerinti Mennyországba?** Ha igen, miért igen, ha nem, miért nem?

(Ha nem válaszol, akkor csak annyit fogok írni, hogy feltettem Önnek a kérdést, de nem kívánt válaszolni. Ha válaszol, akkor a válaszát teljes terjedelmében, megjegyzések beszúrása nélkül közlöm.)

Válaszát előre is megköszönve és tisztelettel várva, Ujhelyi Sándor"

3. FEJEZET

A válaszok

37

Még mielőtt rátérnénk az egyházi vezetőktől kapott válaszokra, először is engedtessék meg egy idézet Ferenc pápától:

„Nem szükségszerű hinni Istenben ahhoz, hogy jó ember legyél. Bizonyos tekintetben a hagyományos Isten eszméje idejétmúlt. Egy ember lehet spirituális anélkül, hogy vallásos lenne. Nincs szükség arra, hogy templomba járjunk és pénzt adományozzunk – sokak számára a természet is lehet egyfajta templom. A történelem során a legjobb emberek némelyike egyáltalán nem hitt Istenben, míg mások a legszörnyűbb dolgokat is elkövették az Ő nevében".

Dr. Beer Miklós, a Váci egyházmegye nyugalmazott püspökének válasza:

„Köszönöm a megtisztelő bizalmát és gratulálok a témához. Mindig időszerű ez a kérdés!

Az alapvető megközelítés katolikus részről a II. Vatikáni Zsinat »Nostra Aetate« (»Korunkban«) kezdetű dokumentuma, amelyben a keresztény és nem-keresztény vallások (és a nem hívők) kapcsolatáról van szó. Nagyon leegyszerűsítve, ez a dokumentum leszögezi, hogy minden ember, aki a saját vallása és a saját lelkiismerete szerint él, az üdvözül (a Mennyországba jut). Történelmileg hosszú út vezetett el idáig. A vallásszabadság eszméje is lassan vált elfogadottá (»Türelmi rendelet«).

A keresztény egyházak között lényegében a II. Világháború óta beszélhetünk párbeszédről. Ez az ökumenikus mozgalom. Minden januárban világszerte közös ima-hetet tartunk. A nem-keresztény vallások között is megkezdődött a vallásközi párbeszéd VI. Pál pápasága idején. Az olaszországi Assisiben rendszeresen tartanak ima-találkozókat, amelyen részt vesznek a világ vallási vezetői: muszlimok, zsidók, hinduk, buddhisták. Rómában van egy pápai intézet, a »Nem-hívők Titkársága«, amelynek éppen az a feladata, hogy az emberi élet alapvető kérdéseiről a magukat ateistának nevező gondolkodókkal folytassanak párbeszédet. Persze ez tulajdonképpen mindannyiunk feladata.

Ez az egyik oldala a kérdésnek. Van tehát törekvés egymás megismerésére, elfogadására. A »másik oldal« viszont a hétköznapi emberi magatartás hitelessége és a hétköznapi emberi találkozások jelentősége. Helyesen gondolja, hogy minden értelmes ember keresi az élete értelmét, vagyis mondhatjuk így is, hogy keresi Istent. A magukat vallásosnak tartó emberek felelőssége éppen az, hogy a »kereső« embertársaiknak tudnak-e segítséget adni, tudnak-e »utat mutatni« Isten felé.

Szeretettel biztatom ennek a komoly témának a feldolgozására.

Üdvözlettel, Beer Miklós ny. püspök"

Dr. Fabiny Tamás elnök-püspök válasza, Magyarországi Evangélikus Egyház:

„Keresztény hitünk szerint minden embert Isten teremtett a vele való szeretetteljes közösségre. Jézus Krisztus kereszthalála és feltámadása által minden embernek szabad az útja az Istennel, mint mennyei Atyával (Édesapával) való szeretetközösségbe. A protestantizmus, így az evangélikus egyház is hangsúlyozza, hogy a helyreállított közösség Istennel – azaz az üdvösség – Isten ajándéka, ahhoz az ember semmivel nem járulhat hozzá, azt nem érdemelheti ki, még vallásosságával sem. Jézus Krisztus váltságműve tökéletes és elégséges minden ember üdvösségéhez. Az ember tehát nem vallási meggyőződése vagy vallási rítusok teljesítése alapján üdvözül, hanem egyedül Isten kegyelméből (sola gratia), és egyedül Krisztus által (solus Christus).

A keresztyénség lényegéhez tartozik az Isten szuverenitásába vetett hit is. Az, hogy Isten kit és hogyan fog üdvözíteni, nem tudhatjuk, az kizárólagosan az ő szabadságába tartozik, ezért nem bocsátkozunk találgatásokba arra nézve, hogy embertársaink – kövessék akár a hinduizmus vagy az iszlám tanítását, vagy éljenek akár ateista meggyőződéssel – vajon üdvözülnek-e. Meggyőződésünk, hogy minden embernek egyedi és személyes ügye van Istennel, teremtőjével és ez a belső, titokzatos párbeszéd Isten és az ember titka marad. Nem bizonyos vallási vagy filozófiai kategóriákba való besorolás alapján, hanem az egyedi és megismételhetetlen teremtmény és a Teremtő kapcsolatában valósul meg az Istennel való szeretetkapcsolat létrejötte.

A protestáns keresztyén hit számára a vallási kérdésekben a Biblia az egyedüli tekintély (sola Scriptura). A Szentírás arra tanít bennünket, hogy Isten azt akarja, hogy minden ember üdvözüljön, ahogy ezt Pál apostol is megfogalmazza (1Tim 2,4). Az Újszövetség arra biztatja azokat, akik visszataláltak az Istennel való közösségbe a Krisztus által, hogy másokat is hívjanak meg ebbe az örömteli közösségbe: a Krisztusba vetett bizalom, a hit közösségébe. Azt tanítjuk, hogy nem a hitünk üdvözít, de a Szentírás alapján azt valljuk, hogy egyedül a Krisztusba, Istenbe vetett hit által élhetünk az Istennel való szeretetkapcsolat boldog bizonyosságában (sola fide). Ezért, miközben tiszteletben tartjuk a más vallású vagy vallástalan embertársaink meggyőződését, tanúságot teszünk – feléjük is – Istennek a Krisztusban megismert szeretetéről.

A keresztyén hit nem csak a túlvilági Mennyországba való majdani eljutásra irányul, hanem azt hangsúlyozza, hogy a helyreállított szeretetközösség az Istennel már a földi életben megvalósulhat, még ha töredékesen is, a hit útján. A Mennyország képe ennek a közösségnek a boldog kiteljesedésére, tökéletessé válására utal."

Dr. Frölich Róbert, a Magyarországi Zsidó Hitközségek Szövetsége és a Dohány utcai zsinagóga főrabbija:

„Érdekes kérdés, mi igazán eddig teológiai értelemben nem nagyon foglalkoztunk ezzel. A zsidó vallásban nincs olyan kiforrott képzete a túlvilágnak, mint a keresztény vallásban. Hitvallásunk szerint nincs olyan mennyország, ahol reggeltől estig az angyalok hárfázását hallgatjuk, és nincs olyan pokol sem, ahol a vörös ördögök folyamatosan kondérokban főzik az odajutottakat.

Mi hiszünk az örökkévalóságban, van túlvilági élet, és hiszünk abban, hogy az igaz emberek oda el fognak jutni.

Erről sok vita van, hogy az Édenkertbe csak a zsidók fognak-e bejutni, vagy mások is?

Vallástól függetlenül, vagyis teljesen mindegy, hogy valaki keresztény, hindu, muszlim, ateista vagy buddhista, lehet valaki igaz ember, tisztességes ember, és zsidó létére is lehet valaki rossz ember.

Én meg vagyok győződve arról, hogy minden igaz ember, aki becsületes életet él, az ugyanúgy részesül az örök életben és a túlvilági életben, még ha más vallású is. Ha viszont valaki csirkefogó egész életében, akkor nem jut be az Édenkertbe, még ha hithű zsidó is!"

Karsai Gábor, „A Tan Kapuja" Buddhista Főiskola rektorának válasza

"A buddhizmusban a Nirvána elérése nem hit, hanem gyakorlás kérdése. Ezért aki nem gyakorol, legyen az hitében akár buddhista, nem fogja elérni a Nirvánát. Tehát nem a vallás, hanem a hitektől független gyakorlás és tényleges tudatfejlesztő praxis és megtapasztalás vezet el a megvilágosodáshoz. Aki megfelelően gyakorol, lehet bármilyen hitű, elérheti a Nirvánát. Nem keresztény, muszlim, ateista vagy buddhista hit függvénye. A dalai láma is azt tanítja, hogy mindenki maradjon meg nyugodtan az ő eredeti hitében, vallásában, kultúrájában, identitásában, nem azon fog múlni a megvilágosodás, hanem a törekvésen."

Kovács Miklós Ahmed imám, a Magyar Iszlám Közösség alelnökének válasza:

„Az iszlám szerint az evilági élet egy próbatétel, mellyel a feltámadáskor számot kell adnunk Istennek. Isten a Paradicsommal jutalmazza a hívő, jó és erényes és arra érdemes embereket, míg a Pokollal bünteti a hitetleneket, a bűnösöket, a gazembereket és az arra érdemeseket.

Isten a számadáskor mindenkit egyenként számoltat el és ítél meg. Nem csoportonként fognak az emberek belépni a Paradicsomba vagy behajíttatni a Pokolba. Isten ismeri az ember összes cselekedetét születésétől kezdve a haláláig bezárólag. Ha csak egy porszemnyi jót tett, arról tud, és ha csak egy porszemnyi rosszat tett, arról is tud. Szintén ismeri az emberek gondolatait, szándékát, cselekedeteinek mozgatóját, hite őszinteségét, gondolatainak menetét. Ezért az ő elszámolása abszolút igazságos. Hogy egyes jócselekedetet miként értékel, és egyes rossz cselekedetet miként, az szintén őrajta múlik. De még így is az ember rá lesz szorulva Isten irgalmára, hogy elnyerje mindazt az örömöt, amit a túlvilági öröklét tartogat számára.

Hogy kinek milyen mélységű a hite őbenne, azt szintén ő tudja a legjobban. Ha egy keresztény vagy bármilyen más vallású ember fog előtte állni a számadás napján, azt ugyanolyan igazságosan fogja megítélni, mint bármelyik muszlimot.

Úgy tartjuk, hogy az iszlám Isten vallása, Ádámtól kezdve az összes általa küldött prófétának ugyanaz volt az üzenete, hogy »nincs más isten, csak Isten (Allah)«. Majd ezt a küldetést teljesítette be az utolsó próféta, Mohamed elküldésével, és az utolsó isteni kinyilatkoztatás, a Korán leküldésével. Ezért aki biztosra szeretne menni, annak őszintén hinnie kell Isten egyedüliségében és Mohamed prófétaságában, és az isteni törvények mentén kell élnie az életét. Ez nem jelenti azt, hogy automatikusan minden muszlim a Paradicsomba, illetve minden nem-muszlim a Pokolba kerülne! Mint mondta, az Isten mindenkit egyenként és igazságosan számoltat el. Bár a muszlimok nagyobb eséllyel számíthatnak a Paradicsomba való bejutásra, de ez alapján egy muszlim is bekerülhet a Pokolba, ha arra érdemes, és egy keresztény, vagy bármilyen más vallású ember is bekerülhet a Paradicsomba, ha Isten arra érdemesnek találja.

Mi nem ítélkezhetünk konkrét személyek túlvilági sorsa felől, mert ezt egyedül csak Isten teheti meg."

A Dalai Láma Hivatalának válasza:

„Kedves Ujhelyi Sándor!

Elnézést kérünk a késői válaszért, de sok elfoglaltságunk volt, és ezért levelére sokáig nem tudtunk válaszolni. Geshe Ngawang Sonam vagyok, és őszentsége hivatala nevében válaszolok Önnek.

A buddhizmus alapvetően a Buddhává válás útját jelenti. Hiszünk az ok és a cselekvés törvényében, valamint a Buddha-természetben minden érző lényben. Sok könyv íródott a buddhizmusról, amelyeket elolvashat, hogy egyértelmű választ kapjon kérdéseire. Mi azonban nem pusztán a mennyben és a pokolban hiszünk. Hasonlóképpen, a buddhizmus nem hisz Istenben, mint teremtőben. Nem hiszünk Isten, mint teremtő létezésében, de hisszük, hogy vannak megvilágosodott lények, akik menedékünk és vezetőink lehetnek. Megveheti a „Nagyszerű értekezés a megvilágosodáshoz vezető út szakaszairól"című könyvet. Ez a könyv a tibeti nyelvből lett lefordítva, és három kötetet tartalmaz. Hasonlóképpen létezik egy másik könyv, melynek címe a „Felszabadulás a tenyérben". Az elsőt Tsongkhapa, a másodikat Kyabje Phabongkha készítette.

A legjobbakat kívánom Önnek.
Jó kívánságokkal,
Geshe Ngawang Sonam, a Dalai Láma Hivatala"

Dr. Iványi Gábor, a Magyarországi Evangéliumi Testvérközösség elnökének válasza:

„Nincs vallás szerinti külön mennyország az én meggyőződésem szerint, hanem valamennyi ember számára egy közös létforma, melyet az embert szerető örökkévaló Isten, aki valamennyink mennyei Atyja, készítette számunkra. János apostol a Jelenésekről szóló könyvében írt a mennyei Jeruzsálemről (Jelenések 21,1-7.10-26), melyet úgy képzel el, mint egy (minden irányba hasonló mértékben kiterjedő) Európa méretű kockát, melynek minden égtáj felé három-három kapuja van, s egyiknek sincs ajtószárnya. De a tárva-nyitva álló új világban nincs templom, sőt világossága is valamennyiünk közös mennyei Atyja. Az égtájak természetesen kulturális és vallási irányokat is jelölnek. Isten minden gyermekét (még tékozló fiait is) hazavárja.

Jézusnak a nagy királyi menyegzőről szóló példázata is azt vetíti előre, hogy már-már kényszerrel viszik be a nagy vacsorára az úton-útfélen egészen más irányba haladó, eltérő nézeteket valló vagy erkölcsi szabályok szerint élő embereket, és öltöztetik át őket saját önigazultságukból az Isten végtelen szeretete által biztosított fehér ruhákba.

Hogy valaki végül üdvözül-e vagy kimarad, az megjósolhatatlan, de mintha sokkal nehezebb lenne kint maradni, mint bejutni. Az az Isten akarata, hogy minden ember üdvözüljön (1Tim 2,4)."

„Mikor pedig eljő az Embernek Fia az Ő dicsőségében és Ővele mind a szent angyalok, akkor beül majd az Ő dicsőségének trónjába. ÉS ELÉBE GYŰJTETNEK – ha akarják, ha nem – MIND A NÉPEK, és kettéválasztja őket egymástól." Minek alapján? „GYERTEK, ÉN ATYÁM ÁLDOTTAI, ÖRÖKÖLJÉTEK ezt az országot, uralmat, ÁLLAPOTOT, amely számotokra, az ilyenek számára készíttetett a világ LEVETTETÉSE ÓTA." „Bizony mondom néktek (esküszöm), amennyiben MEGCSELEKEDTÉTEK csak eggyel is az Én legkisebb, legutolsónak tartott, LENÉZETT embertestvéreim közül, VELEM TETTÉTEK MEG." (Mt.25.31-46) Továbbá: „Ezt mondta Jézusnak valaki: »Uram, kevesen vannak, akik üdvözülnek? « Ő pedig monda nékik: TI haláltusával is igyekezzetek benyomakodni a nyomorúságos bejutási lehetőségen, mert sokan – mondom – (csak úgy könnyedén) keresik a bejutást, de (nem akarnak ezért szenvedni, küzdeni érte) így nem képesek bejutni (közületek). Mikor a Gazda felkel és bezárja a bejutás ajtaját (lejárt az idő) és TI kezdtek zörgetni, mondván Úr, Úr (mi Urunk), nyisd meg nekünk, mi Te előtted ültünk egy asztalhoz, és a mi utcáinkon, életutunkon TANÍTOTTÁL (nagyságos tanításunk van). De Ő ezt feleli: Nem ismerem el ezt, ti nem Tőlem vagytok (mert Én azt mondtam, hogy akik megcselekszik embertársaikkal az Én Mennyei Atyám akaratát, jót tesznek embertársaikkal, segítenek, odaadják nekik, amire szükségük van, tehát tettekkel szeretnek) azok az Én Családom... »Jönnek Napkeletről, Napnyugatról, Északról, Délről és ők az Én Asztalomnál letelepednek az Isten Uralmában«. Vannak tehát utolsónak tartott emberek, akik elsők lesznek Nálam, és vannak magukat előbbrevalónak tartottak, akik utolsók lesznek Nálam." (Luk.13,23-30)

„És én láttam a »halottakat«, nagyokat és kicsiket állani az Isten előtt, és a BIBLIA nyittatott meg, de emellé EGY MÁSIK KÖNYV nyittatik meg, a MEGÉLT ÉLETEKNEK KÖNYVE, és a halottak azokból ítéltettek meg, amik ebben a KÉT KÖNYVBEN voltak megírva, vagyis MINDENKI A TETTEI SZERINT ÍTÉLTETIK MEG.

(Nem a vallása szerint, mert vannak, akik gyilkolnak, és azt hiszik, hogy ISTENTISZTELETET cselekszenek a HITÜK SZERINT, tudatlanságukban, elvakult hitükben. ŐKET A MINDENHATÓ ISTEN – AKINEK EGYEDÜL VAN HATALMA ÍTÉLNI ÉLŐKET ÉS HOLTAKAT – MÁSKÉNT FOGJA MEGÍTÉLNI, mint azokat, akik (állítólagos »keresztényként«) TUDTÁK a Mennyei Atyjuk akaratát, de nem cselekedték meg. (Jel. 20, 11-14)

A politikai harcos iszlámnak – amit a hamis tanítóik, imámjaik nyomatnak – vannak félrevezetett, megtévesztett fanatikusai. Ezek milliók. „Hát én ne könyörüljek Ninivén, a nagyvároson, ahol több van tizenkétszer tízezer embernél, akik nem tudnak különbséget tenni a jobb és bal kezük közt (tudatlanságukban cselekszenek), mert még csak ezután fogják megtanulni, mi a JOBB, és mi a BAL, és »barom« is sok van? Te pedig – Jónás – méltán haragszol, jogosan, mert NEM VESZTEM EL ŐKET?" (Jónás 4, 9-11)

„Az Isten MINDENKIT egy elbírálás alá vett az ENGEDETLENSÉG, A BŰNESET szempontjából, de azért, hogy MINDENKIN KÖNYÖRÜLHESSEN!" Ó, Isten gazdagságának, bölcsességének és tudományának MÉLYSÉGE! Mennyire kikutathatatlanok az Ő ítéletei, és kinyomozhatatlanok az Ő útjai! Mert kicsoda ismerte meg az Úr értelmét? Ki volt neki tanácsosa? Ki adott előbb Neki, hogy Ő visszafizesse azt? Hiszen ŐBELŐLE, ŐÁLTALA, és ŐBELÉ VISSZATÉRŐLEG VAN A MINDENSÉG, MINDENKI, AZ EGÉSZ EMBERISÉG."

Természetesen a fentieken kívül más egyházi vezetőket is megkérdeztünk, akik viszont válaszra sem méltattak. A nevüket nem írom le, nem kívánok nekik reklámot csinálni!

4. FEJEZET

Honnan jöttünk, hová megyünk?

Léteztünk már a földi életünk megkezdése előtt is, vagy csak a születésünkkor jelentünk meg a világmindenségben? És mi lesz utána? A halálunkkal tényleg megszűnünk létezni, vagy van-e folytatás? Kérdések, amik általában minden embert izgatnak, kit jobban, kit kevésbé.

A Biblia erre egyértelmű választ ad: „Mielőtt az anyaméhben megalkottalak, már ismertelek, és mielőtt az anyaméhből kijöttél, megszenteltelek." (Jer.1, 5)

Vagyis a Bibliában egyértelmű az utalás arra, hogy a világban való megjelenésünk előtt már léteztünk.

Egy biztos: itt, a Földön az idő és a tér fogságában élünk. Vagyis folyamatosan fogynak a hátralévő perceink, és minden döntésünket befolyásolja a szemünk által érzékelt és az agyunk által felfogható relativitás.

Hadd idézzem Seress Rezső „Csak átutazó vagyok itt a földön" című költeményét:

> Csak átutazó vagyok itt a földön,
> Egy utas, aki utazik tovább.
> A napjaimat szép vidáman töltöm,
> És nem várok az élettől csodát.
>
> A boldogságot megköszönöm szépen,
> A csalódások nem bántanak rég.
> Az embereket mosolyogva nézem,
> Mert nékik soha semmi nem elég.

Nem elég, mert nem tudják, hogy ők is útitársak,
Átutazók, olyanok, mint én.
Szüntelenül mindig több és több kincs után vágynak,
Amíg lassan kialszik a fény.

Mindnyájan átutazók vagyunk itt a földön,
S ha jól végezzük, ami reánk vár,
Az emlékünk majd sok-sok emberöltőn
Úgy ragyog, mint a fénylő napsugár,
Ha a vonatunk már messze-messze jár.

Amit nem látunk, amit nem tudunk érzékelni, azt csak hinni tudjuk. Időnként segít a tudomány, a technika. Eddig a mostani hétmilliárd földi lakóból kevesen tudták megkerülni a Földet, de akiknek sikerült, azoknak mégiscsak elhisszük, hogy gömb alakú a Föld.

De igazából nem ez a hit! „A hit pedig a reménylett *dolgoknak* valósága, és a *nem látott dolgokról való meggyőződés*" – mondja a Biblia. Tehát a „mi volt előtte" és a „mi lesz utána" kérdésre nem lehet racionális választ adni, csakis a hiten keresztül. De vajon fontos ez, hogy mi volt, meg mi lesz? Hisz' fel sem tudjuk fogni a végtelent sem időben, sem térben. A hittudományi iratok – a Biblia, a Korán, a Tóra, a Szanátana Dharma és a többi ilyen leírás – bemutatják a „kezdetet" és felvázolják a „véget", mely „magyarázatokat" csakis hittel lehet elfogadni.

A fény egy rendkívüli dolog. Még ma sem tudják igazából a tudósok, hogy mi is az a fény. Mert egyszer korpuszkuláris (anyagi) jelenségként van köztünk, egyszer pedig, mint hullám. Gimnazista koromban fizikából Országos Olimpiai Kerettag voltam. Egerben a főiskolára jártunk továbbképzésre. Egyik este a fizikaprofesszorunk felírta a táblára a fény hullámegyenletét. Kb. egy óra alatt, és minden harmadik szava az volt, hogy „akkor most itt egyszerűsítsünk". Vagyis a fény számunkra felfoghatatlan, kezelhetetlen, beazonosíthatatlan.

De azért a Nap mindenkire süt, nem csak azokra, akik megpróbálják megérteni a fény hullámegyenletét!

Vagyis meggyőződésem szerint nem szükséges feltétlen meg-
értenünk az „Istenség" lényegét, nem feltétlen kell, hogy felfogjuk
a múlt-jelen-jövő teljes keresztmetszetét. Elég, ha elhisszük! Vagy
még az sem kell, hisz' igazából úgysem tudjuk felfogni!

A vallásoknak talán az is lenne az egyik feladata, hogy mint
egy „felsőoktatási intézmény", segítse, tanítsa azokat, akik kere-
sik a választ a múlt-jelen-jövő titkaira, mint ahogy a professzo-
runk minket tanított, akik kíváncsiak voltunk arra, mi is a fény.

A fő baj csak az, hogy az ezeket a vallásokat képviselő embe-
rek jórészt uralkodni akarnak az emberek lelkén, erőszakkal ma-
gukhoz kovácsolva őket, a dogmatikus szabály- és feltételrend-
szereiken keresztül!

Tisztelet a kivételnek!

„Elkárhozol, ha nem azt csinálod, amit mondunk!" – hangzik
sokszor a zsarolás, a naiv lelkeket így rabul ejtve, aztán szinte
bármire rá tudják venni őket! Gyűlöletre, kirekesztésre, a vallá-
sukért akár más emberek megölésére is. Fanatikusok fanatizál-
va fanatikusokat nevelnek, és aztán máglyával fenyegetik azt, aki
azt állítja, hogy a Föld kering a Nap körül, vagyis minden korban
a tudósok, a gondolkodó emberek válnak az egyházak legfőbb el-
lenségeivé, mert nem fogadják el, hogy az egyházak sokszor sötét
zárkákban kitalált dogmákra alapozzák a hitet. Nem veszik tudo-
másul, hogy senki nem látta még, mi volt előtte és mi lesz utána.

Megjegyzem, mint magánvéleményt, hogy ha az én életem,
vagyis a létem az édesapám és édesanyám szexuális ingerével in-
dult volna csak el és a krematóriumban véget érne, akkor semmi
értelmét nem látom ennek a világnak, semmi értelme a napjaim-
nak. Én hiszem, hogy nem szűnök meg! De mi lesz utána, hogyan,
hol? Megmondom őszintén, nem kívánom megérteni a korlátozott
képességű, a tér és az idő korlátjai közé szorított elmémmel, te-
hát nem is rágódom rajta. De hiszem a folytatást!

5. FEJEZET

A „feltétel"

Az egy másik dolog, hogy a „mi lesz utána" kérdésnél inkább a „feltétel" érdekel. Ha van ilyen. Vagy mindannyian automatikusan megyünk tovább, függetlenül attól, hogyan éltük a földi életünket? Ezt azért nem gondolnám. Az ember igazságérzete megkívánja, hogy hihessen abban, hogy a jók elnyerik méltó jutalmukat, a gonoszok pedig büntetésüket. Vagy ezt is csak az emberi gyarlóságom, a bosszúvágy sugallja? De mi a „jó"? És mi az a „gonoszság"? Az emberi gyarlóság, a tökéletlenségünk, az útkeresés közben elkövetett hibák, „bűnök", ez mind kirekesztő ok? Az „okulásunk" során történő változás felülírja a régi „bűnöket", vagy akkor is cipeljük magunkkal a terhét?

S mi lesz a gyerekekkel, akik még fel sem tudtak nőni, mert valamilyen tragikus esemény hatására akár 1-2 éves korukban számukra véget ér a földi lét? Világháborúk áldozatai, Hirosima és Nagaszaki vagy Csernobil polgárai, vagy a gázkamrákban elpusztított milliók készen voltak az átlépésre? Repülőgép-balesetek, tömegszerencsétlenségek áldozatai. A beszláni tragédia 250 gyermekáldozata. A világban éhezés miatt az egyéves kort meg nem élt gyerekek milliói. Vagy van „lélekvándorlás", amikor a „befejezetlen életpálya" egy új esélyt kap? Vagy ők valamilyen különleges „isteni kegyelemben" részesülnek, mint mártír áldozatok, akiknek halála másokat „kényszerít" az elgondolkozásra, eddigi cselekedeteik átértékelésére? Nem tudom. Ebben az írásban sok mindenre keressük a választ, ami viszont biztos, hogy sokszor a válasz már nem tud racionális lenni, mert hit nélkül nem felfogható.

Aztán egy másik kemény kérdés, amire az egyházak többsége kategorikus elutasító választ ad, hogy mi is lesz az ateistákkal? (Wikipédia: „Az ateizmus az Isten, istenség vagy más természetfeletti lények létezésébe vetett vallásos hitet elutasító eszmei irányzatok csoportja.")

Miért, mi lenne az ateistákkal? Hisz' a mostani írás fő célja megtalálni a választ arra, hogy valóban a vallásoknál van-e elrejtve az öröklét titka, vagy ha nem náluk van, akkor máris nyitott a kapu az ateisták számára is.

Csak a vicc kedvéért, van egy régi mondás, hogy zuhanó repülőgépen senki sem ateista.

Többen lesznek a régi ismerőseim közül, akik, olvasva ezeket a sorokat, csodálkozva fogják feltenni a kérdést: „Sándor, mikor veszítetted el a hitedet?" Én nem veszítettem el, sőt erősebb, mint valaha, csak segíteni akarok az útkeresőknek, a válaszokat kutatóknak, leírva a saját kálváriámat is.

Nekem a legfontosabb ma, hogy a radikális, kirekesztő egyházakat elutasító és azokban csalódott emberekkel is megtaláljam a hangot. Ezért nem bibliai idézetekkel bombázom őket egész nap, hanem egyszerű mondatokkal és gondolatokkal próbálok kommunikálni velük.

6. FEJEZET

Az ateizmus

„Isten, ha vagy, mentsd meg a lelkem, ha van."
(Vavyan Fable)

Először is lássuk néhány közismert ember „hitvallását" az ateizmusukról (válogatás a citatum.hu oldalról):

„Mivel nem vagyok hajlandó egy olyan isteni szervezőelv közbeavatkozásával magyarázni a világot, akinek a cselekedetei számomra még magánál a rejtélynél is rejtélyesebbek, nem marad más választásom, mint bizonyos mértékig homályban élni. És én elfogadom ezt a homályt."
   (Lius Bunuel az ateizmusról)

„Ateista vagyok, és az a benyomásom, hogy meg kell védenem az ateizmusomat. Egy ateistát bárki bármikor támadhat. Pedig az ateizmus nem ütközik törvénybe. De ha egy vallásos személyt támadnak a vallásáért, az mindjárt katasztrófa. És folyton azon csodálkozom, és életem végéig csodálkozni fogok azon, hogy a vallás ereje még ma is olyan nagy, hogy háborúzunk, gyilkolunk istenért. Tisztelem a vallásos embereket, nem mondtam, hogy nem, de megdöbbent, hogy még mindig ölünk és ölünk és ölünk és ölünk egy olyan istenért – akár létezik, akár nem –, aki azt mondja, hogy jónak kell lennünk egymáshoz."
   (Dimitri Verhulst)

„Ateista vagyok, és ennyi. Hiszem, hogy semmit sem tudhatunk, kivéve, hogy kedvesnek kell lennünk egymással, és mindent meg kell tennünk a többi emberért."
   (Katharine Hepburn)

„Irgalmazz, Istenem! Én nem hiszek Tebenned,
Csak nincs kivel szót váltanom.
S lám, máris megadod azt a végső kegyelmet,
Hogy legalább imádkozom."
(Nemes Nagy Ágnes)

„Sajnos nem vagyok hívő! (...) A vallás nagyon szép dolog, de kultúrafüggő emberi létesítmény."
(El Kazovszkij)

„Ateista vagyok. Édesanyám korán meghalt, és mi, hárman fiútestvérek együtt kerültünk be egy gyerekotthonba – ott pedig az ember előbb vagy utóbb mindenképp ateista lesz. De az élet misztikus, amint az is, ha éjjel nem tudok aludni, feltekintek az égre, és bámulom az egész világmindenséget."
(Szemerédi Endre)

„Nem vagyok semmilyen vallásnak a híve. (...) Toleráns módon viszonyulok hozzájuk, de egyik sem tudott meggyőzni. (...) Így, ezzel a tudattal nehezebb feldolgozni azt a problémát, hogy az ember élete véges. És hát azért ez a kérdés foglalkoztat elsősorban és minden más kérdés előtt."
(Nagy Attila Kristóf)

„Régebben azt mondtam, hogy százszázalékos ateista vagyok, ma már csak azt mondom: kilencvenkilenc. Nem akarok olyan elvakult lenni, mint a bigott vallásosak."
(Seth MacFarlane)

„Ateista vagyok, az egyházról az a véleményem, hogy összes nagyszerű alapelvei, az úgynevezett evangéliumi igazságok semmivel sem többek egy tiszta, ideális és egyetemes humanizmusnál, ellenben ami kétezer év alatt rárakódott és amit ma gyakorol, az ennek a humanizmusnak a legteljesebb elárulása."
(Nagy Töhötöm)

„Isten bizony ateista vagyok!"
(Graffiti)

Mit is jelent ez a kifejezés, hogy valaki „istenfélő ateista"? Sokszor találkozhatunk olyan emberekkel, akik, amikor megkérdezik tőlük, hogy milyen vallásúak, akkor azt felelik, hogy „én ateista vagyok, de istenfélő a magam módján".

Elolvasva nagyon sok ateista véleményét, úgy érzem, hogy ők elsősorban az egyházakat utasítják el, az ő tevékenységükkel, vagy álszenteskedésükkel nem értenek egyet. A másik fontos gondolat a „tehetetlen függőség" érzésének elutasítása. Tudatosan gondolkodó emberek nem akarnak „bábként" élni, a megszokásokból ki akarnak szakadni, keresve a szabad akaratuk korlátait. Miközben ezeket a „korlátokat" magukon kívül keresik, rá kell jönniük, hogy ezek a korlátok bennük vannak.

„Mert mikor a pogányok, akiknek törvényük nincsen, természettől a törvény dolgait cselekszik, akkor ők, törvényük nem lévén, önmagoknak törvényük.

Mint akik megmutatják, hogy a törvény cselekedete be van írva az ő szívükbe, egyetemben bizonyságot tévén arról az ő lelkiismeretük és gondolataik, amelyek egymást kölcsönösen vádolják vagy mentegetik."

(Róma 2:14-15.)

A lelkiismeretet szoktuk a „szívbe írott törvénynek" nevezni. Felelős gondolkodású emberként tudjuk, hogy „nincs nagyobb vádló", mint a lelkiismeret.

7. FEJEZET

Az Isten akarata

A bevezetőnkben szerepel a következő bibliai idézet: *„Nem min-denki, aki ezt mondja nékem: »Uram, Uram!« megy be a mennyek országába; hanem aki cselekszi az én mennyei Atyám akaratát."*

Vagyis maga a Biblia cáfolja, hogy nem igaz az a dogma, hogy csak az Istent elismerő, őt imádó és őt magasztaló ember megy be a mennyek országába. Természetesen a vallástudósok most százával fogják keresni az idézeteket, hogy engem megcáfoljanak, de megmondom őszintén, nem érdekel.

De mi is az Atya, Isten, Allah akarata az én életemben?

Na, itt fordulnak elő a legnagyobb disznóságok, amikor radikális vallási vezetők közlik, hogy „ez most az Isten akarata"! És e mögé bújva a saját, torz elképzeléseiket valósíttatják meg az emberekkel, akár a más vallásúak likvidáltatásával is.

Jézus így beszélt erről: „Annak, aki küldött, az az akarata, hogy abból, amit nekem adott, semmit el ne veszítsek, hanem feltámasszam az utolsó napon." Vagyis Isten elsődleges célkitűzése a megmentésünk.

Előre elnézést kérek mindenkitől, hogy általában a Bibliából idézek, de hát ebben nőttem fel. Az más kérdés, hogy az elmúlt években megdöbbenve tapasztaltam, hogy amikor a Koránból meg a Tórából idéztek muszlim meg zsidó ismerőseim, mintha a Bibliát idézték volna. Sokszor csak a fordításban volt különbség. De ezen igazából nincs is mit csodálkozni, hisz' az ábrahámi vallások (a keresztény<u>ség</u>, az <u>iszlám</u> és a <u>zsidóság</u>) azonos tőről fakadnak, a szentkönyvek írói sokszor ugyanazok az emberek, próféták voltak, sőt a zsidó Biblia igazából maga az Ószövetségi rész a keresztény Bibliából.

De ha már szóba került Jézus, akkor lássuk, hogy vélekedik róla az iszlám vallás:

„Az Iszlám álláspontja Jézusról (béke legyen vele) két merőben ellentétes vélemény között helyezkedik el. A zsidók visszautasították Jézust (béke legyen vele) mint Isten prófétáját, és csalónak nevezték őt. A keresztények ezzel szemben Isten fiának tartják őt, és ennek megfelelően imádják. Az Iszlám Jézust (béke legyen vele) Isten egyik legnagyobb prófétájának tartja, és éppúgy tiszteli, mint Ábrahámot (béke legyen vele), Mózest (béke legyen vele) és Mohammedet (béke legyen vele). Ez a szemlélet összhangban van az Iszlám nézőpontjával Isten egyedülállóságáról, az Isteni irányítás egységéről, és Isten küldötteinek egymást követő, kiegészítő szerepével." (Forrás: iszlam.com)

Na, de visszatérve az eredeti kérdéshez, hogy mi is Isten akarata; számomra meggyőződéssé vált, hogy a „szeressük embertársainkat, mint önmagunkat", meg aztán a „tegyetek jót mindenkivel" már nem parancsolatok számomra, hanem az életem értelme és lényege.

8. FEJEZET

A kulcs

Csermely Péter (Magyar Tudományos Akadémia rendes tagja, az Academia Europaea tagja) blogjában ezt írja:

„A megbocsátás a megsérült szeretetkapcsolataink helyreállítása. Az ítélkezés, a meg nem bocsátás és a bosszú csak újabb és újabb szeretetkapcsolatokat rombol le körülöttünk, és ezzel még jobban elszigetel minket. Ezzel szemben a megbocsátás kiszabadít minket az egónk fogságából, és képessé tesz minket arra, hogy új és új értékekkel, új és új tartalmakkal keressünk és teremtsünk kapcsolatot. A megbocsátás a szeretetkapcsolatban bekövetkezett törést szünteti meg azzal, hogy helyreállítja a szeretetkapcsolatot a vétkező, a megbántott és az Atya között. Ezzel a megbocsátás újjá szül és felszabadít minket."

A legfontosabb számomra a mennyek országának a kulcsa, ami a MEGBOCSÁTÁS. Ahhoz, hogy megbocsássunk, nincs szükségünk sem vallásra, sem templomokra, sem pópákra. Tehát ezzel a kulccsal az ateisták is rendelkezhetnek!

Aznap, amikor ezeket a sorokat írom (2020. december 21.) a következő bibliai igéket adja a bibliaolvasó naptárunk:

„Ez a nép csak szájával közeledik hozzám és ajkával dicsőít engem, de szíve távol van tőlem… (Ézs 29,13)

Gyermekeim, ne szóval szeressünk, ne is nyelvvel, hanem cselekedettel és igazsággal. (1Jn 3,18)"

Vagyis egyvalamit leszögezhetünk: minden vallás ragaszkodik a „cselekedetek" fontosságához, tehát ebben egyetértenek, hogy a belsőnk valódisága a cselekedeteinkben nyilvánul meg. Így lesz érthető Jézus kijelentése is – „Annak, aki küldött, az az akarata, hogy abból, amit nekem adott, semmit el ne veszítsek, hanem feltámasszam az utolsó napon." Vagyis, hogy legfőbb feladatunk a ránk szorulókról való gondoskodás, gondjuk viselése, elkísérve őket akár itteni életük utolsó percéig is.

A „megbocsátásról" Frenyó L. Béla ezt írta:

„A MEGBOCSÁTÁS A MENNYEK ORSZÁGÁNAK A NYITJA

A megbocsátás, görögül „AFEZIS" (afienai), tulajdonképpen azt jelenti szó szerint: ELENGEDÉS, vagyis a tartozás elengedése.

Ez azért lényeges kérdés, mert az ember a bűnesettel egy kifizethetetlen kárt okozott Istennek, az Ő gyönyörűséges, teremtett szellemi világának, az örök, tökéletes szépnek és jónak. Istennek ezt a hatalmas kárt rendeznie kellett, valakinek ki kell fizetnie ezt az adósságot. A mi hitünk szerint Jézus Krisztus, az Isten Fia, aki emberfia is, magára vállalta az egész emberiségnek ezt az adósságát, és életével, vérével fizetett érte. „Ő engesztelő áldozat a mi bűneinkért, de nem csak a mieinkért, hanem AZ EGÉSZ VILÁGÉRT IS." (1. Ján. 2,2) Ezzel az egyetlenegy áldozatával örökre eltörölte a bűnt, az adósságot kifizette. (Zsid.10,12-14)

Ha tehát Ő kifizette az általunk kifizethetetlen adósságot, akkor most már itt a földön mi emberek kötelezettek vagyunk egymásnak elengedni minden tartozást, ami egyébként kifizethető lenne a másik ember által – jóvátehetné, rendezhetné, ha adnánk neki időt erre.

Viszont ezzel nincs a másik ember tehermentesítve, nincs feloldozva, nem nyitjuk meg neki a teljes adósságmentesítés, az adósságspirálból való kiszabadulás ajtaját, pedig nálunk van a nyitja. Tehát ha valaki vét ellenünk, vétkezik, kárt okoz, akkor mi ennek az Isten szerinti módja, mely az egész emberiségre vonatkozik? A „tartozik, követel" törvénye? Milliók tartoznak hitelezőiknek, rettenetes stresszben vannak, szinte rabságban, és a jelenlegi állapotukban nem tudnak fizetni. Kérik a halasztást, kegyelmi időt (grace period), ígérik, hogy kifizetik, csak adjanak egy kis időt. Erre a könyörtelen hitelezők, pláne a bankok – akik busás kamattal várják vissza a tartozást – kilakoltatással fenyegetik az adóst, életük tönkretételével, mindenük elvesztésével, és MEG IS TESZIK EZT.

Erre következik Jézus hatalmas példázata: „Péter odament Jézushoz és feltette a nagy kérdést: Uram, hányszor vétkezhet

ellenem az én embertársam, és hányszor kell néki MEGBOCSÁTA-
NOM? Még hétszer is? Jézus így felelt: Nem! Hetvenszer hétszer is.
(Péter szörnyülködött magában: hát ezt nem hiszem el, hát nekem
nincs ekkora hitem, jaj, Uram, növeld a hitemet, hogy ezt megért-
sem). Erre Jézus ezt a példázatot mondta: »Hasonlít a MENNYEK
ORSZÁGA (állapota) ahhoz, amikor annak az országnak a királya
elszámolást akar csinálni a szolgáival. Mikor elkezdte a számve-
tést, hoztak elé egyet (ez egy típus, ezek vagyunk mi), aki tíze-
zer tálentummal volt adós.« (A talentum eredetileg súlymérték
volt a közel-keleti kultúrákban. Jézus korára már meghatároz-
ták pénzértékét is: egy ezüsttalentum háromezer ezüstsékelnek
felelt meg, egy aranytalentum pedig tízezer aranysékelnek.) Az
első szolga adóssága tehát harmincmillió ezüstsékelre vagy akár
százmillió aranysékelre rúg. Egy ezüstsékel bő 14,5 gramm ezüs-
töt, egy aranysékel pedig megközelítőleg 8,5 gramm aranyat tett
ki. A zsidók a szentélysátor díszítésére huszonkilenc talentumot
és hétszázharminc sékelt fordítottak. Ebből is láthatjuk, micsoda
horribilis, elképzelhetetlen és megfizethetetlen összegről van szó
a hasonlatban. Egy ókori birodalom szinte teljes költségvetésé-
ről!" – forrás: https://ujember.hu/a-krisztusi-megbocsatas/). Mi-
vel az adós szolga képtelen volt ezt kifizetni, parancsolta annak
ura, hogy adják el őt, feleségét, gyermekeit, és minden vagyonát,
amije volt és FIZESSENEK, mert EZ A TÖRVÉNY. Ekkor leborult
a szolga előtte, könyörgött neki, és ezt mondta: Uram, légy türe-
lemmel hozzám, és mindent megfizetek neked. (Ezt persze tudta
az ura, hogy képtelenség). Az úr pedig megszánta azt a szolgát,
megindult rajta szívében, megkönyörült, szabadon engedte őt,
és a TELJES TARTOZÁSÁT IS ELENGEDTE NEKI. Mikor kiment ez
a szolga, kiszabadult, találkozott egy szolgatársával, embertár-
sával, aki száz dénárral volt neki adós, és elkezdte fojtogatni, ezt
mondván neki: Fizesd meg nekem a tartozásodat (most azonnal)!
(A dénár a római kor aprópénze volt, kis ezüstérme, értéke tíz ré-
zérme (as). Így tehát a száz dénár ugyan csinos kis summa (egy
munkás napi bére egy dénár volt – vö. Mt 20,1–16), mindazonál-
tal belátható, törleszthető, kiegyenlíthető még egy kétkezi mun-
kás számára is. A szolgatársa leborult eléje és könyörgött neki:

Legyél türelemmel hozzám, és mindent visszafizetek neked. De ő nem akart könyörülni, hanem az adósok börtönébe zártatta, és onnan ne szabadulhasson, míg meg nem fizeti, amivel tartozik. Ezt látták a szolgatársai, szemtanúi voltak annak, amik történtek, nagyon megszomorodtak és elmentek az ő urukhoz, elmondva mindent, ami történt. Akkor előhívatta ezt a könyörtelen szolgát az ő ura és ezt mondta neki: Te gonosz szolga, minden adósságodat elengedtem neked, mivel könyörögtél nekem. Nem kellett volna neked ugyanúgy könyörülnöd szolgatársadon, ahogy én könyörültem rajtad? Nagyon megharagudott az ő ura és átadta őt a kínzások végrehajtójának kezébe, mindaddig, míg ki nem fizeti mind az összes adósságát (ami megfizethetetlen, tehát örök kínok közt kell megélnie, hogy milyen kár volt, hogy azt a kevés adósságot nem engedte el. Ezt hívják KÁRHOZATNAK, mert a MEG NEM BO-CSÁTÁS EKKORA KÁRT HOZOTT NEKI, ÖRÖK KÍNSZENVEDÉST, HOGY MILYEN KICSIN MÚLT AZ EGÉSZ.) Jézus így fejezte be a példázatot a tanítványainak: UGYANÍGY fog cselekedni veletek az Én Mennyei Atyám, HA TELJES SZÍVETEKBŐL EL NEM ENGEDITEK AZ EMBERTÁRSAITOKNAK A VELETEK SZEMBENI ADÓSSÁGA-IT, MEG NEM BOCSÁTJÁTOK AZ ELLENETEK ELKÖVETETT VÉT-KEIKET. (Mt.18,21-35)

Még egy példa: Amikor már a Mennyei Atya nem csupán Jézus Atyja, hanem a MI ATYÁNK IS, mivel testvérei vagyunk – ha ez valóban így van –, akkor tanít minket így imádkozni: Mi Atyánk, ki VAGY a mennyekben … bocsásd meg a mi vétkeinket, miképpen mi is megbocsátunk azoknak, akik ellenünk vétkeztek. Mert ha megbocsátjátok az embereknek az ő vétkeiket, megbocsát nektek is a ti mennyei Atyátok. Ha pedig meg nem bocsátjátok az embereknek az ő vétkeiket, a ti mennyei Atyátok sem bocsátja meg a ti vétkeiteket. (Mt.6,9-15)

Újabb példa: hoztak Jézushoz egy ágyban fekvő, teljesen lebénult embert. És látva Jézus a béna embert hordozóknak a hitét, mondta a bénának: Bízzál, fiam! Megbocsáttatnak néked a te bűneid (amelyek teljesen lebénítottak), feloldoztatsz a bénaságodból. Némelyek az írástudó bibliatudósok közül ezt mondták magukban: Ez istenkáromlást szól. Jézus pedig belelátott a gondolataikba és mondta: Miért gondolkodtok ilyen gonoszul a szívetekben? Mert melyik a könnyebb, ezt mondani, hogy megbocsáttatnak neked a te bűneid, vagy azt mondani: kelj fel az ágyadból és járj!? Hogy pedig megtudják, hogy az ember Fiának van hatalma a földön (meghatalmazása van) a bűnöket megbocsátani (az adósságot elengedni), ekkor mondta a bénának: Kelj fel, hajtsd össze a nyoszolyádat, és menj haza. És az felkelt és hazament. A sokaság ezt látta és elcsodálkozott, dicsőítve az Istent, hogy ekkora hatalmat (ilyen meghatalmazást) adott AZ EMBEREKNEK. (Tehát nekünk is.) (Mt.9,1-8)

Jézus a kezeit, lábait átszegező római légiósok érdekében is így imádkozott: „Atyám! Bocsásd meg nekik, mert ők nem tudják (nem fogják fel) mit csinálnak." (Luk.23,34) Ahogy a fanatikus iszlám harcosok sem tudják, mit tesznek, mikor lefejeznek, meggyilkolnak valakit, aki nem az ő vallásuk szerint való. Elvakult hitük szerint cselekszenek, mert úgy hiszik, hogy ez Allahnak tetsző istentisztelet.

A feltámadott Jézus így szólt tanítványainak, amikor megjelent nekik: Békesség néktek! Ahogy engem (felhatalmazással) küldött az Atya, én is ugyanúgy (felhatalmazással) küldelek benneteket. És mikor ezt mondta, mély lélegzetet vett, és rájuk lehelve ezt mondta nekik: Így szívjátok magatokat tele Szent szellemmel minden lélegzetvételnél, és így akiknek bűneiket ti megbocsátjátok, adósságaikat elengeditek, megbocsáttatnak azoknak; akikéit pedig erővel visszatartjátok még – mert még nem ismerik be, tagadják, hogy ők bűnösök, nincs szükségük bűnbocsánatra, viszont másoknak se bocsátanak meg, bosszúálló gyűlölködők, de azért imádkozzák a Miatyánkot – azoknak a megbocsátás még vissza lesz tartva. (Ján.20,21-23)

Mikor Jézus megkérdezte a tanítványait, hogy kinek tartják őt az emberek, a tizenegy tanítvány azt mondta: némelyek Keresztelő Jánosnak, mások Illés prófétának, vagy Jeremiás prófétának, vagy egyvalakinek a próféták közül (feltámadva). Ekkor Jézus ezt mondta nekik: De ti kinek tartotok engem (látva az én cselekedeteimet)? Ekkor Simon Péter felelt: Te Krisztus vagy (a Megváltó), az élők Istenének a Fia. És felelt neki Jézus: Most boldog

lehetsz, Simon, Jónának fia, mert nem hús-vér emberi értelemmel
jelentetted ezt ki, nem a saját agyadból pattant ki, hanem az én
Mennyei Atyám jelentette ezt ki neked. De most én is megmon-
dom neked, ki vagy te: Te – és az ilyenek, mint te, mindnyájan –,
ez a típus faragatlan, durva kő, kövek (Petroszok), viszont én az
ilyen durva kövekből vésővel AZ ÉN MINTÁMRA kifaragott ÉLŐ
KŐRE, KÖVEKRE – mint típusra – építem fel az én EKLÉZSIÁMAT,
az Én Hitem kiválasztottait, a válogatottat, akik ugyanúgy sze-
retik embertársaikat, ahogy Én, vagyis mindenki javát szolgálják
áldozatos életükkel. Az ilyeneken még a POKOL KAPUI SEM TUD-
NAK ERŐT VENNI, NEM TUDJA AZ ÖRDÖG RÁJUK ZÁRNI, MERT
HA ALÁSZÁLLNAK IS A POKLOKRA, FEL TUDNAK ONNAN JÖNNI!
És neked – meg veled együtt az ilyen, az Én mintámra kifaragott
EMBEREKNEK – odaadom a MENNYEK URALMÁNAK KULCSA-
IT, a NYITJÁT (azért többesszám a kulcsok, mert a Szellemi Ház-
ban több terem van, amelyekben a mennyei kincsek vannak fel-
halmozva, személyiségekre, egyéniségekre szabottan). A NYITJA
PEDIG: BÁRMIT, AMIT TILOSNAK NYILVÁNÍTOTOK A FÖLDRŐL
ODA BEVINNI, ANNAK TILOS LESZ A BEMENETEL A MENNYBE,
(BEZÁRT AJTÓ), ÉS BÁRMIT, AMIT FELOLDOTOK A TILALOM
ALÓL ITT A FÖLDÖN, AZ A MENNYEK URALMÁBAN IS FELOL-
DOZVA LESZ (NYITOTT AJTÓ), BEMEHET, BEJUTHAT.

Idézet a Grace klinika című filmből:

„Mind emlékszünk arra, amikor kiskorunkban megharaptunk egy
másik gyereket a játszótéren. Az óvónő azt mondta, kérjünk bocsá-
natot, és kértünk is, de nem őszintén. Mert az, akit megharaptunk,
meg is érdemelte. De ahogy idősebbek leszünk, a bajt helyrehozni
nem olyan egyszerű. Ha kinősz a homokozóból, nem mondhatod
csak úgy. Úgy is kell gondolnod. Persze, amikor orvosok leszünk,
a „sajnálom" nem egy egyszerű szó. Vagy azt jelenti, hogy meg-
halsz, és nem segíthetek, vagy azt jelenti, hogy nagyon fog fájni.
Orvosként nem csinálhatjuk vissza a hibáinkat, és ritkán bocsá-
tunk meg magunknak értük. Ez a mesterséggel jár. De emberként
mindig jobban akarjuk csinálni, jobbak akarunk lenni. Jóvátenni

a rosszat, akkor is, ha lehetetlennek tűnik. Persze a „sajnálom-mal" nincs mindig vége. Talán mert túl sok mindenre használjuk. Fegyvernek. Kifogásnak. De ha tényleg sajnáljuk, ha jókor mond-juk ki, ha úgy is gondoljuk, akkor megteszi. Ha tettekkel mond-juk el, amit szavakkal nem tudunk. Ha jókor mondjuk, a „sajná-lom" tökéletes. Ha jókor mondjuk, a „sajnálom" maga a megváltás.

9. FEJEZET

Honnan jöttem, miért vagyok itt, hová megyek?

Frenyó L. Béla 2020 karácsonyán ezt írta:

„A gyűlölet és a féltékenység a FÉLELEMBŐL ered, mely először az Ember bűnbeesése után lett ismeretes.»...Ember, hol vagy? Hova lettél? Hova zuhantál, hova züllöttél le, Te, akit az Én képmásomra, hasonlatosságomra teremtettem, örök szépségre, jóságra, fejlődésre, művelődésre, és mások művelésére, őrzésére, védelmére, lángoló szeretetre?! – kérdezte az embertől (az eredetileg szellemi adó-vevő tulajdonsággal felruházott, egybeszerkesztett teremtményétől) a Teremtő. A már fele-feleségre szétesett ember így válaszolt: Mikor a hangodat meghallottam, megijedtem, féltem, elrejtőztem, mert tudom, hogy kezdek kihűlni, kezd belül nekem bealkonyulni, kezd hideg és sötét lenni a szívem, az a Te általad teremtett lángoló szív... és most félek. HALÁLFÉLELMEM VAN, mert azt mondtad, hogy ha beveszem a szép, de gonosz (szépnek látszó: kalosz, de gonosz: ponerosz csaliját) kígyófának a gyümölcsét (azt, amit ez terem), akkor HALÁLNAK HALÁLÁVAL HALOK MEG, TÖBBÉ NEM VAGYOK ÖRÖKÉLETŰ, SZÉP ÉS JÓ.«

Már most egy roncs vagyok, és félek, hogy ebből a szellemi halálból soha nem jutok ki, félek, hogy TÖBBÉ NEM LESZEK! És most már itt a földön is ebből a félelemből számtalan rossz dolog születik, amelyek károsan befolyásolják az életünket, rabságban tartják a lelkünket, megbetegítik a testünket is. A félelem egyetlen és egyben legjobb ellenszere a Szeretet, a Hit, a Megértés, amelyek kivezetnek minket a Sötétségből, és megszabadítják szellemünket, lelkünket, testünket a dühtől, amely az egész lényünket megmérgezi.

Az egyéni ember bűnesete óta a legnagyobbá nőtt félelem a HALÁLFÉLELEM. Ennek jött véget vetni a Karácsonyban Megtestesült (incarnation) Szabadító, Megváltó, Megtartó, Üdvözítő Jézus

Krisztus azáltal, hogy hatálytalanította a Halál erejét és világosságra hozta a Halhatatlanságot, vagyis az Örök Életet. Ezt a saját életének feláldozása révén érte el, valósította meg, bebizonyítva, hogy van a Halálból való Feltámadás az Örök Szellemi Világra.

Ez a Teljes Isteni Mentő Szeretet, amely először Jézusban – mint emberben – valósult meg, ez tudja kiűzni belőlünk a gyötrő félelmet, amennyiben bennünk is teljességgel megvalósul már itt a földön, ebben a földi életünkben. Ezt másoknak is meg kell tapasztalniuk általunk, hogy mi nem félünk többé a haláltól, nem tart minket ez rabságban, nem nyomja rá hatását az életünkre. Most már »szemébe tudunk nevetni a halálnak«, mert aki ebben a teljes isteni mentő Szeretetben van, az az Istenben van, és Isten is őbenne ÖRÖKKÉ. Mert az ISTEN ÖRÖK SZERETET, ÖRÖK ÉLŐ ENERGIAFORRÁS. Ez a Kegyelem, az Örök Élet elnyerésének lehetősége Jézus Krisztus által lett megvalósítva, számunkra is elérhetővé téve, ha ennek a Szeretetnek az állapotát elérjük, földi életünkben MEGVALÓSÍTJUK.

A valódi Hit a remélt, kívánatos állapotnak a megvalósítása, a most még nem látható állapot általunk történő megvalósítási képességéről való kételkedés nélküli meggyőződés, a végső MEGTAPASZTALÁS elérése. Fel kell fejlődnie a bennünk megszületett szellemi csecsemőnek fokról fokra idáig (akármennyi szenvedéssel jár is), hogy megismerhessük a halálainkba való belemerülést, a poklokra szállást, és a szellemi feltámadás energiáját, a halálból való kikeletet (exit) az Örök Életre, a HATALMAS ÖRÖMÁLLAPOT elérését! Ne féljetek – mondta az Úr angyala a pásztoroknak –, mert most NAGY ÖRÖMÖT hirdetek nektek, ez pedig minden népnek öröme lesz, mert MA – még ebben az életben – megszületik néktek (és megszülethet ugyanúgy bennetek is) a HALÁLBÓL VALÓ SZABADÍTÓ, AKI AZ ÚR KRISZTUS, de egyben egy gyenge csecsemő-testben megtestesült ember, aki majd felnőtt lesz, Jézus.”

10. FEJEZET

Gyakorlati istentisztelet

*„Bizony mondom nektek, ha megcselekedtétek ezt akár csak
eggyel is az én legkisebb atyámfiai közül, énvelem tettétek meg."*
(Mt.25.31-46)

*„A vendégszeretetről meg ne feledkezzetek, mert ez által egyesek
– tudtukon kívül – angyalokat vendégeltek meg."*
(Zsidók 13:3)

A korábbi fejezetekben talán kicsit sokat idéztem bizonyos teológiai gondolatokat. Megmondom őszintén, én ma már nem kívánom megfejteni a fény hullámegyenletét, vagyis nem kívánok ilyen mélységben belemerülni bizonyos filozofikus, teológikus fejtegetésekbe. Én ma csakis a gyakorlati életet kívánom élni! Elméleti eszmefuttatásokra, teológiai vitákra, de leginkább a vallási fanatizmusokra nem vagyok kíváncsi. Néha elmegyek és tiszteletből meghallgatok egyes embereket, de nincs szükségem arra, hogy hetente elmenjek valamilyen hitéleti alkalomra ahhoz, hogy tudjam, hogy mi a jó! Ettől függetlenül naponta olvasom a Bibliát.

Igen, az ember mindig keresi a választ az élet kérdéseire. Ha már kiábrándult a vallásokból, vagy egyszerűen „tudatosan" akar ateista lenni, akkor is keresi a válaszokat. Ki a Napban, ki a Holdban, a csillagok együttállásában, a napi horoszkópban.

Erről jut eszembe egy régi történet. Egy ismerősünkkel, Alinával a Balatonnál voltunk. Az egyik stégen Alina átszellemülten mászott be az egyik ladikba, hogy közelebbről lássa a naplementét. Persze a csónak imbolygott a vízen, és Alina felállva akart kimászni a csónakból, ami megbillent, és ismerősünk rendesen megütötte a bokáját a stég szélébe. Egyből megvolt a válasza, hogy a bokasérüléséért nem ő a felelős, hogy nem kapaszkodott, hanem a telihold, mert ilyenkor töri el az ember a bokáját. Azóta is minden alkalommal, amikor teliholdat látunk, összenevetünk a feleségemmel, hogy Alina most töri el a bokáját!

Nagyon sokszor szeretünk kényelmes álláspontra helyezkedni, nem akarjuk törni magunkat, megoldást keresni a gondjainkra. Sodródunk, kiengedjük a kezünkből a saját életünk irányítását. „Majd a csillagok megmondják, mit tegyek"! És máris bábukká válunk! Folyamatosan másokat okolunk a saját bajainkért, nem akarjuk felelősséggel felvállalni a saját döntéseinket. Legegyszerűbb ráfogni Istenre, a csillagokra, meg a „sorsra". „Ami úgyis előre meg van írva" – állítják sokan. Egy frászt!

Tudomásul kell vennünk, hogy a felnőttkor elérésével mi magunk felelünk minden egyes döntésünkért! Nem háríthatjuk mindig másokra a felelősséget, mert akkor kicsúszik az életünk irányítása a saját kezünkből. Összeomlunk, tönkremegyünk, elindulunk lefelé a lejtőn. Anyagilag is és erkölcsileg is. Amíg egyszer csak ott találjuk magunkat az utcán, lecsúszva, egyedül, reménytelenül. És nincs, aki segítsen! Igen, ez az egyik legnagyobb baj az életben, hogy az önzésünk miatt nem vesszük észre a bajban lévőket, sokszor és sokan elintézik azzal, hogy „ő tehet róla, minek ivott!" Aztán a legaranyosabb, amikor ezt a véleményünket még meg is spékeljük bizonyos bibliai idézetekkel.

Az nagyon jó, ha valaki eljut a saját meggyőződésére, megtalálva a válaszokat akár a vallásokban, akár a csillagokban, akár a természetben. Így ő „stabillá" tud válni. De ez semmit sem ér, ha nem látja meg a rászorulót! Azon az emberen viszont nem az ideológiai frázisokkal kell segíteni, hanem elfogadni úgy, ahogy van, és enni adni az éhezőnek. És ez nem mehet sem vallási, sem ideológiai alapon!

„Mi, erősek pedig tartozunk azzal, hogy az erőtlenek gyengeségeit hordozzuk, és ne a magunk kedvére éljünk."

(Pál levele a Rómaiakhoz 15.1)

De ezt az egész történetet talán majd egy következő írásban fogom tárgyalni.

Amíg gyermek voltam, édesanyám anyatejjel táplált, majd bébiételekkel, míg idővel alkalmas lettem a kemény eledelek befogadására. Ma már felnőttként magamnak is kell tudnom ételt készíteni! Az elméletet az iskolában tanuljuk, a felnőttkorban a gyakorlati megvalósítás következik.

Ahhoz, hogy enni adjak az éhezőnek, inni adjak a szomjazónak, hogy letöröljek egy könnycseppet más arcáról, hogy a bajban segítsek, hogy hosszútűrően elviseljek embereket, de leginkább ahhoz, hogy megbocsássak, nincs szükségem semmilyen ceremóniára, vallási elkötelezettségre. És ehhez, hogy valaki jót tegyen másokkal, hogy meg tudjon bocsátani, nem szükséges vallásos neveltetés, vagyis az ateista is megélheti az „istenfélő" élet lényegét!

> *„Aki megment egy életet, egy egész világot ment meg."*
> (Talmud, Misna, Szanhedrin, 4:5)

Kérdem tisztelettel! 2015-ben kik voltak jelen – többek közt – a Keleti pályaudvarnál a menekültek ellátásakor? Mi, a Migration Aid, és sok más „civil" csoport, és néhány kisegyház képviselői. De a hivatalos nagyegyházak nem voltak ott, mert nem akartak szembemenni a kormányzati irányvonallal. De voltak ott ateisták, egyszerű emberek, és bizony, homoszexuálisok is. Igen, a legaktívabbak talán közülük kerültek ki! És a kormányzat ezek ellen az emberek ellen folytat most hadjáratot, nem is akármilyen agresszivitással! Mert ez viszont nagyon is jellemző a fanatikus elkötelezettekre, az ilyen kormányzati szándék kiszolgálóira, hogy bármikor készek szembemenni a saját vallásuk, hitük tanításaival egy kis „júdáspénzért". Ezektől a „béresektől" már csak azok a veszélyesebbek, akik mindenféle vallási alapú összeesküvés-elméleteket szolgálnak ki (lásd különböző mai mozgalmak a világban), és készek kegyetlen módon megítélni és eltaposni bárkit, bibliai üzenetek folyamatos mantrázása közben.

Mit is tett a Migration Aid? „Éhező voltam és enni adtatok, ruhátlan voltam és felruháztatok..." Jézus egyébként nem azt mondta, hogy ez csak a zsidókra vonatkozik, csak nekik lehet enni adni, hanem azt, hogy ha „eggyel is a legkisebbek közül ezt cselekedtétek... azt Velem tettétek"!

Minden országban, ahol az egyházak működése, vagyis finanszírozása a regnáló kormánytól függ, soha nem fognak tudni tiszta, független hitéleti tevékenységet folytatni. 2015-ben is sok-sok egyházi vezető szenvedett a tehetetlenségtől, nehogy úgy járjanak, mint az Iványi Gábor vezette Magyarországi Evangéliumi Testvérközösség, amelynek az egyházi státuszát is elvették, mert figyelmeztette a miniszterelnököt, hogy a „Ne lopj", az is a Tízparancsolat része.

Az állandó „ellenségkeresés" régi politikai fegyver, egy populista blöff, de sajnos hatékony, akár az egyházak, akár a kormányok alkalmazzák. De nekünk más a célunk és feladatunk! A mi feladatunk a békességen való munkálkodás, hogy kiteljesedjen bennünk a másikat, a másságot befogadó szeretet, hogy egész életünkben, a rendelkezésünkre álló eszközökkel másoknak segítsünk, hogy ők is átélhessék a „megbocsátás" felszabadító érzését!

„Soha ne becsüld alá azt, amit adni tudsz egy másik embernek. Ha éppen csak egy pici jót tudsz tenni érte, tedd meg. Mert nem tudhatod, hogy annak a kis dolognak is milyen nagyon tud örülni." (Facebook, „Szívemből szeretettel!")

„Beszélhetnénk még sok olyan személyről, aki a Krisztusi parancsot komolyan véve segített olyanokon, akik NEM voltak keresztények, s valószínűleg nem is tértek át semmilyen keresztény egyházhoz annak ellenére, hogy segítettek rajtuk. Például Kalkuttai Teréz Anyára gondolok, aki életeket ment menteni Indiába, nem pedig téríteni. Kizártnak tartom, hogy a pokol tüzével fenyegette volna meg azt a sok-sok tízezer embert, akiken ő és a nővérei segítettek! Az egy más kérdés, hogy a személyes példamutatása alapján lettek követői, de azok önkéntesen csatlakoztak hozzá! Tudtommal senkitől sem kérte, hogy hagyjon fel a kultúrájával, ősi, 2500-3000 éves gyökerekkel bíró hitével! Teréz Anya a XX. század szentje, 2016-ban Ferenc pápa avatta szentté. Óriási ellentéte ő számos „hivatalos egyházi" elöljárónak. Csak gondoljunk bele, egy másik kirekesztő egyház véleménye szerint akkor ő nem üdvözülhet, mert „pápista" volt? Elképzelhetetlennek tartom, hogy akiken segítettek, azokra úgy gondoltak

volna, hogy egytől egyig a pokolra fognak jutni, ha nem keresztel-
kednek meg, s azon belül is a Római Katolikus vallást kell, hogy fel-
vegyék. Kalkuttai Szent Teréz Anya képe még élesen él a gondolkodó
emberek körében, személye szinte megkérdőjelezhetetlen. Kíváncsi
lennék rá, melyik kirekesztő egyházi vezető merné őt a kárhozatra
kerülő lelkek közé sorolni."

(Sztopa Zsolt Facebook hozzászólása ehhez a fejezethez)

11. FEJEZET

Hinni, valamiben...

A vallások általában testről és lélekről beszélnek. Én úgy vallom, hogy az ember „hármas" lény, vagyis test, lélek és szellem. (1Thesz-sz. 5,23 – az eredeti szövegben: „... és mind szellemetek, mind lelketek, mind pedig testetek...")

A „test" dolgait nem kell bemutatni, naponta tapasztaljuk, hogy éhes, szomjas, itt fáj, ott fáj. A test a nemzéskor keletkezik, és a halállal vége lesz.

A „lélek" területe már sokkal izgalmasabb, inkább spirituális jellegű.

Wiki-szótár: „Szellemi jellegű; az emberi szellemmel vagy lélekkel kapcsolatos, szemben az anyagi, fizikai dolgokkal."

Megdöbbentő, ahogy egyre jobban összeomló emberi szervezetek, amikor már szinte a hagyományos kommunikációra képtelen állapotba jutnak, de mégis tiszta érzelmek kimutatására képesek. Ugyanezt tapasztalhatjuk olyan eleve beteg szervezeteknél, akik teljes mértékben képtelenek a hagyományos közösségi életre, de egy szeretetteljes ölelés fantasztikusan békés állapotot tud elérni náluk. A léleknek a halál utáni állapota már sok vitára ad okot, egyesek szerint a „szellemmel" összefonódva megy tovább. (A lélek területe akár egy külön tanulmányt megérne)

„A halál a tibeti buddhista felfogás szerint nem más, mint állapotváltozás – a tudat állapotának radikális megváltozása. Miután jelenlegi tudatállapotunk a fizikai testhez kötött tudati működéshez kötődik a leginkább, a fizikai test halálával gyökeresen megváltozik. Minél kevésbé kötődik jelenlegi tudatunk a testhez, annál kevésbé viseli meg a testtől való elválás. A halál, amely az emberi tudatosság világának végét jelenti, egyben a következő köztes lét kapuja. Nincs végső pusztulás, vagy végső megszűnés, csak átmenet van az egyik köztes létből a másikba. A buddhizmus szempontjából az átmenet

folyamata, illetve az átmeneti időszakok a legértékesebbek (pl. az ébrenlétből az elalvás, illetve az ébredés folyamata), mert ilyenkor láthatja meg a tudat, hogy valójában mi is tartozik tiszta természetéhez."

(Tarr Bence László: Tibeti Halálmeditációk – A halál értelmezése a tibeti buddhizmusban)

A „szellem"-kérdés már eleve a vallások nagy része által el sem elfogadott. Általában az Isten „Szent Lelke" kifejezést használják szinte mindenhol. Én magam hallottam többször, amikor papok előadásaikban „bajba kerültek", mert a klasszikus lélek dolgának említése után az „Isteni Szent Lélek" kifejezést kellett használniuk, és ők maguk is érezték, hogy az „Isteni Szent Szellem" az sokkal több, mint az egyszerű „lélek".

Meggyőződésem szerint a „szellemünk" az, ami örök, vagyis ami a Földre való megjelenésünk előtt már volt, és az innen történő távozásunk után majd lesz, és megmarad.

(Szerintem az abortusszal a szellemi lény nem sérül, csak egy biológiai képződmény, a szellemi lény legfeljebb egy másik testben jelenik majd meg.)

Sokszor keverjük a „tudatot" a szellemmel. Haldokló rákos bátyám betegágyánál mondtam egyszer neki, hogy „ha a másvilágon én nem fogom tudni őt megölelni, vagyis nem fogom tudatosan tudni, hogy ő a Marci bátyám, akkor nem akarok odajutni." Ő akkor csak nézett rám, de nem válaszolt, már készült az elmenetelre, és érezte, hogy butaságot beszélek. Ma már én is tudom, hisz' az igazi felszabadulás az lesz, ha megszabadulunk a nagy „tudatunk" összes gátjától, szorongásától, korlátaitól!

Tehát. A „testet" naponta kell etetnünk, táplálnunk. Ezt tudjuk.

A „lélek" is gondoskodást igényel, melynek állapotát nagyban meghatározza a világról alkotott képünk, a hitünk. Igen, a hit az, ami tud gondoskodni a lélek egyensúlyáról, stabilitásáról, és teljesen mindegy, hogy miben hiszünk. A Napban, Holdban, csillagokban, mantrákban, a vallásokban, Istenben, mindegy! Nincsenek annál lelkileg instabilabb emberek, mint akik csalódtak a hitükben, „már semmiben sem bíznak", vagyis már senkinek és semmiben nem hisznek. A „hitevesztett" ember lába alól kicsúszik a talaj, mindent tragikusan fog fel, goromba, kedvetlen, semminek nem tud örülni, még a segítség felajánlását is elutasítóan fogadja. Nehezen viseli a terheket, retteg a tragédiáktól, mindenben pesszimista. Megkeseredett, minden rosszért azonnal másokat okol. Nehezen elviselhető, nehezen megközelíthető ember. De mi a „gyógyszere"? Mindegy, hogy miben, csak higgyen valamiben, mert akkor megnyugszik.

A „szellem" az egészen más. Volt már akkor is, amikor nem voltam „tudatomnál", és lesz majd akkor is, ha megszűnik ez a korlátolt tudatos állapotom.

De itt, ebben a tudatos állapotban tudok hatással lenni a szellememre, főleg a sorsára? Hisz' ő kellene, hogy eljusson abba a szabad, mennyei állapotba!

Itt a Földön ez a hármasság (testem, lelkem, szellemem) benne egyesül. Vagyis egyik sincs külön, valahol a távolban lebegve, várva valamire. Vagyis mindhárom „egységem" a saját fejlődésem, életem, a szabad akaratú döntéseim „rabja", sorsuk az én kezemben van.

Sajnos általában csak a testünkkel törődünk, a lélek dolgait sokan kinevetik (összekeverik a pszichés betegségekkel), a szellem kérdését meg egyszerűen fel sem fogják. Ezért kellett, hogy a jövőt illető megoldás, vagyis a szellemem „sorsa" ne egy bonyolult valami legyen, hanem a korlátolt agyunkkal is kezelhető, felfogható legyen.

Bocsáss meg! Csak ezzel tudod felszabadítani magad az összes megkötözöttség alól!

„Valójában senkit sem menthetünk meg önmagától. Törekedhetünk rá, hogy jó útra térítsük, de a döntés az övé."
(Andrea Weaver: Angyalom)

1. FEJEZET

Válaszolok

„Nem kell megértenünk a világot, elég, ha eligazodunk benne." (Albert Einstein)

Mint ahogy az elején is írtam, a könyv írása közben bizonyos részeket a Facebook-oldalon is közzétettem, várva a véleményeket, kérdéseket. Most ezekre próbálok válaszolni.

Kovács István Ádám kérdései:

1. *Vajon van-e folytatása az „életnek", vagy a Földi lét után véget ér, s valójában „leoltódik" a villany...*
2. *S ha van folytatás, akkor mi is a tisztítótűz (purgatórium)? Valóban egy amolyan bűneink fürdőszobája lenne?*
3. *Vagy nincs ilyen s csupán két állomása van a halál utáni létnek, mely a mennyország és a pokol lenne? Hiszen ez nagyon sok vallásban máshogy van.*
4. *A mai jó cselekedetekkel kompenzálni tudom-e a korábbi bűneimet, hogy lesz ez az ítéletkor?*

Istenfélő ateizmus: Vegyük sorba a kérdéseket! Az 1. kérdésre – *van-e folytatása az „életnek? –* a válaszom egyértelmű. Hitem szerint nem szűnök meg, vagyis lesz folytatás! Mint ahogy korábban is írtam, a tér- és idő korlátai közé szorított agyunk ezeket a kérdéseket nem tudja érdemben felfogni, csak a hit útján tudja kezelni. vagyis hinnünk kell egy olyan dologban, amit az eszünk nem tud felfogni. Igazából, ez maga a hit.

A 2. kérdésre – *mi is a tisztítótűz? –* adott válaszhoz először is idézek a Wikipédiából: „A purgatórium (vagy *tisztítótűz, tisztítóhely,* vö. lat. *purificatio* = megtisztulás) a katolikus egyház tanításában azok ideiglenes helye vagy állapota, akik a megszentelő kegyelem állapotában haltak meg, de még tisztulásra van szükségük ahhoz, hogy beléphessenek a mennyei boldogságba.

Néhány más keresztény felekezet szintén állítja a tökéletesedés lehetőségét a lélek spirituális állapotában a halál után. A keleti ortodox kereszténység vallja, hogy a halottak lelkeinek állapotában változás történhet az élők imái és az isteni liturgia felajánlása által. A judaizmus szintén hisz a halál utáni megtisztulás lehetőségében, és még a „tisztítótűz" szót is használják, hogy a Gyehenna jelentését visszaadják, azonban a lélek halál utáni „megtisztulásának" lehetőségét a többi vallás hagyományaiban kifejezetten tagadják."

A Magyar Katolikus Lexikon szerint a „tisztítótűz, tisztítóhely (lat. purgatorium): a halál utáni tisztulás helye. A vallástörténetben általános hit, hogy a lélek a halál után esetleg különféle küzdelmeken, próbákon megy át. A nem keresztény vallások (indoeurópaiak) is ismerik a fogalmát; a párszik szerint a halottakat 10 szakaszban tűzfolyam tisztítja meg. Platón beszél a tisztulás egy helyéről, ahol a halottak bűnhődnek vétkeikért (Phaidon 69; vö. Vergilius: Aeneis VI,735). A hinduizmusban a halál után a léleknek meg kell szabadulnia a testiség szennyétől, de az a „tisztulás" nem az egyéni üdvösség szolgálatában áll. A katolikus felfogás szerint a közbülső állapot a földi élet és a mennyei boldogság között; itt tisztulnak meg az igazak, akik nem egészen tisztán távoztak a földi életből.

A rabbinista irodalomban az örök büntetésen kívül, mely a Gyehennában vár a bűnösökre, valamint a bűnösök megsemmisülésén kívül az a gondolat is él, hogy némelyek, „akiknek jó és rossz tetteik kiegyenlítik egymást", csak egy bizonyos időre kerülnek a Gyehennába, hogy ott a tűz megtisztítsa őket; ezt a föltevést Zak. 13,19 idézésével igazolják. Sammai a tisztulást az eszkat szenvedés helyére teszi, ahol bizonyos személyek méltóvá válnak, hogy az eljövendő eónba belépjenek. A Kr. u. 2. sz. elejétől úgy gondolták, hogy a közbülső időbeli Gyehenna is megtisztíthatja a bűnöst, hogy bejuthasson a Paradicsomba."

Nem tudom, én ebben igazából nem hiszek. Vagy mégis? Pont e miatt a bizonytalanság miatt nem akarok kockáztatni. Én ma akarok úgy élni, hogy ne kelljen rettegnem „attól" a naptól! Hogyan? A Máté 6. 14-15. számomra az irányvonal! „Mert ha megbocsátjátok az embereknek az ő vétkeiket, megbocsát néktek is a ti mennyei Atyátok. Ha pedig ti meg nem bocsátjátok az embereknek az ő vétkeiket, a ti mennyei Atyátok sem bocsátja meg a ti vétkeiteket." Ámen.

A 3. kérdésre – *csupán két állomása van a halál utáni létnek, mely a mennyország és a pokol* – a válaszom a következő. Miért, nem elég ez a két „variáció"? Eddigi életemben szó nélkül elfogadtam a mennyországot, mint az „örök boldogság helyét", és a poklot, mint az „örök szenvedés" helyét. Ma egy kicsit vívódom ezen! A János 3. 16-17-ben ezt olvashatjuk: „Mert úgy szerette Isten a világot, hogy egyszülött Fiát adta, hogy aki hisz őbenne, el ne vesszen, hanem örök élete legyen. Mert az Isten nem azért küldte el a Fiút a világba, hogy elítélje a világot, hanem, hogy üdvözüljön a világ általa." Az egész világ! Az Isten nem elveszíteni akar, hanem MINDENKIT megtartani. Igen ám, de mi lesz azokkal, akik pl. egy tragikus repülőszerencsétlenség, háború következtében hunynak el? Nagy valószínűséggel nem volt idejük felkészülni, úgy érte őket a „halál", ahogy éppen voltak. Mi lesz velük? Pont e miatt ma én már egyáltalán nem vetem el a „lélekvándorlás" gondolatát. Lélekvándorlás: görögül metempszichózis, „lélekváltás", palingenezis, „újraszületés"; latinul reinkarnáció, „újra testet öltés".

Wikipédia: „A lélekvándorlás, vagy latin szóval a reinkarnáció (*újra megtestesülés*) filozófiai vagy vallási fogalom, amely fő tana, hogy az élőlények lelke a fizikai test halála után egy másik testbe vagy formába vándorol, azaz emberi, állati vagy növényi alakban újra megszületik. Az indiai eredetű vallások központi tétele, nevezetesen a dzsainizmus, a hinduizmus, a buddhizmus és a szikhizmus vallásoké. A tan megtalálható a modern nyugati ezoterikában, a teozófiai és antropozófiai szellemi irányzatokban is. Egyes keleti vallások szerint az újjászületések sorozata, az ún. szanszára mindaddig folytatódik, amíg az életek során az egyén meg nem szabadul minden karmájától, el nem éri a tökéletességet, és a nirvána állapotát."

De azt hiszem, hogy ez a kérdés már meghaladja ennek az írásnak a kereteit, talán majd egyszer egy másik anyagban viszszatérhetünk rá.

A mi üdvözítő Istenünk… azt akarja, hogy minden ember üdvözüljön, és eljusson az igazság megismerésére. (1Tim 2,3-4)

Még én is!

A 4. kérdés: *A mai jó cselekedetekkel kompenzálni tudom-e a korábbi bűneimet, hogyan lesz ez az ítéletkor?*

Először is idézném Pál Apostolt, aki a Rómabeliekhez írt levelében ezt mondja: „Aki megfizet mindenkinek az ő cselekedetei szerint. Azoknak, akik a jó cselekedetben való állhatatossággal dicsőséget, tisztességet és halhatatlanságot keresnek, örök élettel; azoknak pedig, akik versengők és akik nem engednek az igazságnak, hanem engednek a hamisságnak, búsulással és haraggal.”

De hát bennünk, mint gyarló emberekben, megvan mind a kettő, a jó is és a rossz is, vagyis a kérdés arra utal, hogy mennyi jó cselekedet kell ahhoz, hogy elfedje a rosszakat.

A párunk hűtlenségét nem azért bocsátjuk meg, mert virágot hozott, meg finom vacsorát sütött. Ha megbocsátunk, akkor azért, mert szeretjük!

Én nem hiszek abban, hogy bizonyos imák folyamatos mantrázása feloldozást adna. Ez maximálisan távol áll az általam megismert „istenségtől!” Ha minden bűnnek megvolna az azt „kiváltó” imamennyisége, akkor gyilkosság, pedofília esetén elég lenne az ezernyi imát elszavalni? Blődségnek tartom!

Hadd idézzem Reményik Sándor „Kegyelem” című versét:

Először sírsz.
Azután átkozódsz.
Aztán imádkozol.
Aztán megfeszíted
Körömszakadtig maradék erőd.
Akarsz, eget ostromló akarattal –
S a lehetetlenség konok falán
Zúzod véresre koponyád.

Azután elalélsz.
S ha újra eszmélsz, mindent újra kezdesz.
Utoljára is tompa kábulattal,
Szótalanul, gondolattalanul
Mondod magadnak: mindegy, mindhiába:
A bűn, a betegség, a nyomorúság,
A mindennapi szörnyű szürkeség
Tömlöcéből nincsen, nincsen menekvés!
S akkor – magától – megnyílik az ég,
Mely nem tárult ki átokra, imára,
Erő, akarat, kétségbeesés,
Bűnbánat – hasztalanul ostromolták.
Akkor megnyílik magától az ég,
S egy pici csillag sétál szembe véled,
S olyan közel jön, szépen mosolyogva,
Hogy azt hiszed: a tenyeredbe hull.
Akkor – magától – szűnik a vihar,
Akkor – magától – minden elcsitul,
Akkor – magától – éled a remény.
Álomfáidnak minden aranyágán
Csak úgy magától – friss gyümölcs terem.
Ez a *magától*: ez a Kegyelem.

Még a polgári jog is ismeri az „elnöki kegyelem", meg a Parlament által adható „amnesztia" intézményét. Ezek FELTÉTEL NÉLKÜLI eljárások, adhatóak. Vagyis a kegyelem gyakorlására jogosult maga döntheti el, hogy adja, vagy nem adja. Akár feltétel nélkül.

A „megbocsátás" az Isten kegyelem ajándéka. Tehát nem mérlegelés eredménye!

De okoskodás helyett hadd idézzem Lukács Evangéliumából a „tékozló fiú" esetét:

„Egy embernek volt két fia. A fiatalabbik egyszer így szólt apjához: Apám, add ki nekem az örökség rám eső részét! Erre szétosztotta köztük vagyonát. Nem sokkal ezután a fiatalabbik öszszeszedte mindenét és elment egy távoli országba. Ott léha életet élve eltékozolta vagyonát. Amikor már mindenét elpazarolta, az országban nagy éhínség támadt, s nélkülözni kezdett. Erre elment és elszegődött egy ottani gazdához. Az kiküldte a tanyájára a sertéseket őrizni. Örült volna, ha éhségét azzal az eledellel csillapíthatta volna, amit a sertések ettek, de még abból sem adtak neki. Ekkor magába szállt: Apám házában a sok napszámos bővelkedik kenyérben – mondta –, én meg éhen halok itt. Útra kelek, hazamegyek apámhoz és megvallom: Apám, vétkeztem az ég ellen és ellened. Arra, hogy fiadnak nevezz, már nem vagyok méltó, csak béreseid közé fogadj be.

Csakugyan útra kelt és visszatért apjához. Apja már messziről meglátta és megesett rajta a szíve. Eléje sietett, a nyakába borult és megcsókolta. Erre a fiú megszólalt: Apám, vétkeztem az ég ellen és ellened. Már nem vagyok méltó arra, hogy fiadnak nevezz. Az apa odaszólt a szolgáknak: Hozzátok hamar a legdrágább ruhát és adjátok rá. Az ujjára húzzatok gyűrűt, és a lábára sarut. Vezessétek elő a hizlalt borjút, és vágjátok le. Együnk és vigadjunk, hisz' fiam halott volt és életre kelt, elveszett és megkerült. Erre vigadozni kezdtek.

Az idősebbik fiú kint volt a mezőn. Amikor hazatérőben közeledett a házhoz, meghallotta a zeneszót és a táncot. Szólt az egyik szolgának és megkérdezte, mi történt. – Megjött az öcséd, és apád levágta a hizlalt borjút, hogy egészségben előkerült – felelte. Erre ő megharagudott, és nem akart bemenni. Ezért az apja kijött és kérlelte. De ő szemére vetette apjának: Látod, én annyi éve szolgálok neked és egyszer sem szegtem meg parancsodat. És nekem még egy gödölyét sem adtál soha, hogy egyet mulathassak a barátaimmal. Most meg, hogy ez a fiad megjött, aki vagyonodat rossz nőkre pazarolta, hizlalt borjút vágattál le neki. Az mondta neki: Fiam, te mindig itt vagy velem, és mindenem a tied. S illett vigadnunk és örülnünk, mert ez az öcséd halott volt és életre kelt, elveszett és megkerült."

Várnai György hozzászólása: „Véleményem van. Vagy istenfélő, vagy ateista."

Istenfélő ateizmus: Kérdezem, ateista nem lehet istenfélő? Nem „istenhívő", hanem istenfélő! Mit jelent az, hogy „istenfélő"? Wikipédia: „Jámbor, az Isten parancsainak engedelmeskedő." Mi az Isten parancsa? Szeresd embertársadat, mint önmagadat! A Magyar Nyelv Értelmező Szótára szerint: „Istent, ill. az ő akaratát félve tisztelő személy." A Magyar Értelmező Kéziszótár alapján „az istenfélő azt jelenti, hogy Istent tisztelő. Tehát semmiféle félelemről nincsen szó." Ágoston Sándor tanítása az volt, hogy „az Istenfélő fél bűnt elkövetni." Vagyis ez már előrevetíti azt a gondolatot, hogy nem feltétlen kell tudatosan elismernem az „istenséget" ahhoz, hogy ne akarjak bűnt cselekedni. És hogy mi a bűn? Hát, most nem fogok újra tucatnyi nyelvi és teológiai értelmezést előhozni, elégedjünk meg azzal, hogy a „lelkiismeretünk" nagyon is jól tudja! Amíg hagyom, hogy vádoljon, számon kérjen, amíg az eszemmel vagy a vágyaimmal vagy a gyűlöletemmel ki nem oltom! A fentiek alapján tehát egy ateista is lehet „istenfélő"!

Mitykó Zoltánné hozzászólása:
„Az ateista azt jelenti „istentelen". Miről is beszelünk?"
Istenfélő ateizmus: Nem „istentelen", hanem „Istentagadó". A fő ok sokszor az „egyházak megtagadása", ezért sokan azt hiszik, hogy ateisták, miközben csak az egyházakkal van bajuk, de életükben gyakorlatilag „istenfélő" életet élnek. Vagyis a vallási tevékenység gyakorlása nélkül lehet-e üdvözülni? És ehhez melyik vallást kell gyakorolni? Ezt a kérdést tettük fel egyházi vezetőknek ebben a könyvben, és erre próbáltunk mi magunk is válaszolni.

M. János kérdése:
„Miben volt a legnagyobb különbség a régi »Nagycsalád« és az utána következő időszak között?"
Istenfélő ateizmus: Van egy ún. „bibliaolvasó naptár", ahol mindennapra vannak kijelölt igék. Egy „húzott" ige az Ószövetségből, és egy a szerkesztők által „választott" ige az Újszövetségből. A mai nap igéje ez volt: „Összegyűjtöm nyájam maradékát minden országból, és visszahozom őket legelőjükre, ahol szaporodni és sokasodni fognak. (Jer. 23,3)

„Ha valakinek közületek száz juha van, és elveszít közülük egyet, vajon nem hagyja-e ott a kilencvenkilencet a pusztában, és nem megy-e addig az elveszett után, amíg meg nem találja?" (Lk. 15,4)

Ez a két ige jól példázza Isten hozzáállását az ószövetségi időszakban, vagyis akkor a „maradék" megtartásán volt a hangsúly. Jézus viszont már arról beszél, hogy egyet se hagyjunk elveszni!

2. FEJEZET

A gyerekkorom

A könyv egyes részleteinek, a hozzáállásomnak a megértéséhez sokat segíthet a gyerekkorom feltárása, neveltetésem egyes részletei, az akkori tapasztalatok. 1961. február 7-én születtem Egerben, Ujhelyi Aladár evangélikus lelkész és felesége, Monostori Márta 9. gyermekeként. Családunk már születésemkor tagja volt egy vallási közösségnek, az Ágoston Sándor által létrehozott úgynevezett „Nagycsaládnak".

Egy kis történeti áttekintés erről a bizonyos közösségről a https://katakomba.cserkesz.hu/ jóvoltából:

„A gyülekezeten kívüli ifjúsági munka, illetve az új generációk hitéletre nevelésének másik fő helyszíne az 1950-ben, az állam által feloszlatott Keresztyén Ifjúsági Egyesület (KIE) volt. A feloszlatás sok lelkészben nagy visszatetszést keltett, mert úgy érezték, a kormányzat kiveszi az egyház kezéből a szervezett ifjúsági munkát. A KIE és annak evangélikus szárnya, az Evangélikus Keresztyény Ifjúsági Egyesület (EKIE) életében jelentős változást jelentett, mikor Bonnyai Sándor, aki 1945 előtt a KIE országos szervezőtitkára, majd az EKIE titkára volt, ferencvárosi, majd kispesti gyülekezeti lelkészként kapcsolatba került Ágoston Sándor mérnökkel. A nyugállományú honvéd főhadnagy 1930-tól tevékenyen részt vett az evangélikus egyház életében, háborús hős volt, a holokauszt idején mentette az üldözött zsidóságot, amiért a háború után elismerést is kapott. 1945 után lassanként megszervezte a sejtekben működő ifjúságnevelő közösségeket. A politikai rendőrség a „Hittevők" fedőnevű titkos nyomozás során kezdte meg az általa szervezett csoportoknak a megfigyelését. Az Ágoston Sándor által életre hívott és halála után Bonnyai Sándor majd Szeverényi György által vezetett közösségek tagjai rendszeresen bírálták azokat az egyházi vezetőket, akik a pártállami elittel való együttműködés mellett léptek fel. Ezzel az ellenálló szemlélettel az evangélikus egyházon belül létrehoztak egy önálló „lelkiségi mozgalmat". Ennek írásbeli megnyilvánulása a névtelenül megjelent, de Ágoston Sándor által írt *Állj! Ki vagy?* című írás. A legerősebb csoportok Békéscsabán, Nyíregyházán és Hódmezővásárhelyen alakultak meg, szoros együttműködésben az EKIE szervezeteivel. Így forrt össze az EKIE az „ágostonizmussal". A KIE és az EKIE soraiban működő lelkészek és világi személyek fő feladatuknak tekintették az ifjúság szervezetszerű foglalkoztatását. Külön „ágostonos" nyári táborokat terveztek a Balaton partján, a Bükkben, Szilvásváradon, a Cserhátban, Bánkon, a Bakonyban stb. Ezeken csak meghívottak vehettek részt.

Az új egyesületi törvény bevezetésével az EKIE megszűnése után az egyesületben munkálkodó lelkészek visszatértek más szolgálatba. Az EKIE feloszlatása után az „ágostonos" irányzat mind intenzívebb lett, és továbbra sem határolták el magukat az evangélikus egyház gyülekezeteitől. Külön összejöveteleik mellett részt vettek az egyházi életben, de zárt közösségként jöttek össze, például Békéscsabán Pallag László és Szeverényi György gyülekezeti tagok (foglalkozásuk szerint fodrászok), míg Budapesten Ágoston Sándor vezetésével. Az ifjúsági munka szervezésénél törekedtek arra, hogy azt a fiatalok önállóan végezhessék, tehát a gyülekezeti lelkész lehetőleg ne szóljon bele a munka végzésébe. Ilyen csoportok alakultak azután Budapest-Hegyvidéken, Kelenföldön, a Várban és a Deák téren. Ezek a csoportok úgynevezett szenior bibliaórákat tartottak a gyülekezeteken belül, azonban a legtöbb csoport szemben állt a hivatalos egyházi vezetőséggel, és többször gyakoroltak éles kritikát a fennálló politikai renddel kapcsolatban.

Ágoston Sándor vasárnaponként a lakásán tartott alkalmakat két csoportban: felnőttek részére délelőtt, fiataloknak délután. Ezeken esetenként húszan-harmincan vettek részt. Bonnyai Sándor a ferencvárosi, majd a kispesti gyülekezet lelkészeként fogta össze és szervezte az ifjúsági munkát. Az egyházi vezetés megkövetelte tőle, hogy ez utóbbival hagyjon fel, és minden tekintetben alkalmazkodjon az evangélikus egyház hivatalos álláspontjához. Huzamosan nem tudott változtatni igehirdetési módszerein, és folytatta „gócosító", kisközösség-formáló tevékenységét. A kispesti gyülekezetben az ő vezetésével minden szerdán délután tartottak összejövetelt, amelyen negyven-ötven személy vett részt.

Az ÁVH azt feltételezte, hogy ezeket az illegális szerveződéseket és a szektás irányú tevékenységet az USA-ból, az „emigrációból" irányítják. Dávid (Fischer) János evangélikus lelkész személyében találta meg az államvédelem azt a személyt, aki e koncepció szerint az USA-ból pénzelt mozgalomnak a megbízottja, képviselője és összekötője volt. 1967. augusztus 7-én hivatalos egyházi küldöttséggel érkezett Budapestre. Magyarországi tartózkodása során több „ágostonista" és volt EKIE-taggal, egyházi és világi személyekkel vette fel a kapcsolatot, többek között Ágoston Sándorral, Bonnyai Sándorral és az ifjúságnevelő munkát Svájcban is tanulmányozó Ujhelyi Aladár egri evangélikus lelkésszel. A III/IV. Csoportfőnökség, azaz a katonai elhárítás Dávid (Fischer) Jánost magyarországi tartózkodása során operatív ellenőrzés alá vonta, az adatgyűjtést azonban nem követte adminisztratív intézkedés. A lelkész hazatérése után az USA-ban megjelentette az *Állj! Ki vagy?* című kiadványt."

Bár szüleim odaadó szeretettel gondoskodtak rólunk, mégis, gyerekkoromban megismerhettem belülről a vallási fanatikusok életét. (Magyar Katolikus Lexikon: **fanatikus**: tágabb értelemben eszméit és igényeit kérlelhetetlenül képviselő ember, szoros értelemben a **vallási** eszmékért elvakult megszállottsággal lelkesed...)

Gyerekkoromat manapság csak úgy szoktam jellemezni, hogy a tengerészgyalogosi kiképzés kiskutya álma ahhoz képest, ami ott volt. Az még hagyján, hogy hetente minimum 15-20 órát kellett a Bibliát tanulnunk, alkalmakon részt vennünk, ami azért egy gyereknek nem teljesen az álma volt.

Az iskolai jegyeimet apám mindig kiegészítette „ötösre". Vagyis négyesért egy fenekes, hármasért kettő, kettesért három járt. Hármas magatartás esetén az adott nyáron nem mehettünk nyaralni.

De az igazi „nehézségek" a kamaszkorral, a felnőtté válással kezdődtek. Könnyűzenét tilos volt hallgatni, még operettet sem. Jól mutatja a hozzáállást az egyik vezető véleménye az operettről, amikor is szerinte az operett az, amikor „bagzik a kutya szárazon és vízen." Mi nem mehettünk soha semmilyen más közösségbe, az iskolából percre pontosan kellett hazaérni. Diszkó? SOHA! Randevúzás csajokkal? SOHA! Cigi? SOHA! Pia? SOHA. Az persze más kérdés, hogy amikor egyszer az evangélikus egyház akkori püspöke apukámnál járt, úgy sikerült végigkóstolniuk apám borkészletét a pincében, hogy utána a püspök úr a nagyszobai csilláron dobolt mulatás közben.

Házasság? Meg kellett várni, amíg a regnáló vezető kijelölte az ember párját. Igen, nem mi választhattunk, vagy legalábbis keveseknek „jött össze", hogy akit kiszemelt, azzal léphetett frigyre. Szűzen! Csakis! Mert ha nem voltál már szűz, akkor 40-50 éves korodig várhattál, amíg esetleg megengedték, hogy valakit elvegyél. Viszont ismerkedni sem tudtunk a Nagycsaládi lányokkal; külön voltak fiú alkalmak és külön lány alkalmak. Még nyaraláskor is el voltunk különítve egymástól. Egyik héten a lányok, a másik héten a fiúk mehettek a közösség nyaralójába. De ha végre összejött egy esküvő, abban sem volt sok köszönet. Szex zéró, nemi élet csak a gyermekáldásért!

Egyik gyerekkori barátom el tudta venni a titkolt szerelmét. Az esküvő után kifaggatták a nászéjszaka „borzalmairól" a fiatalasszonyt, aki beismerte, hogy a férje megpuszilta a cicijét. Lett ebből olyan országos felháborodás, hogy „mit képzel ez az aljas parázna?"

Jól jellemezte az akkori időket a közösség kisújbányai nyaralója. Az akkori vezető, Szeverényi György a bejárat melletti szobát foglalta el, amit „portásfülkének" nevezett, és büszkén hangoztatta, hogy az „ő dolga eldönteni, hogy ki jöhet be!" Vagyis a „kirekesztés", a „bűnös ember" kizárása legitimizálva volt.

A neveltetésünk elvi alapja a mindentől óvás, minden tiltása volt. Szüleink és a közösség vezetői úgy gondolták, hogy a legjobb az, ha mindent tiltanak, mert így tudnak megóvni a „világ bűneitől". Persze ez ma is minden szülő kemény kérdése, hogyan tudja „mederben tartani" gyermeke életét.

És itt szembesültem életemben először azzal a gondolattal, hogy „csak ennek a közösségnek a tagjai üdvözülhetnek"! „A maradék tartatik meg!" Ezzel voltunk szinte „zsarolva" egész ottlétünk alatt, hogy ez a közösség az a bizonyos „maradék".

Külön érdem volt a másik besúgása. Nem volt ritka, hogy ha valaki meglátott valakit a közösségből „bűnözni" (pl. farmer hordása, 2 cm-t meghaladó hosszú haj, idegen lánnyal való beszélgetés, dohányzás, tiltott film megnézése a moziban), akkor a „mentő szeretet" jegyében azonnal jelezte az elöljárónak. És ekkor jött a számonkérés, a nyilvános megalázás.

Én '79-ben kerültem a Műegyetemre, ahol néhány hét után megittam életem első sörét. Aztán idővel a szüzességemet is elveszítettem. Mivel ez kiderült, miután én magam beismertem, saját magamat „jelentve fel", ezért tudtam, hogy 40-50 éves koromig várhattam volna, amíg esetleg megengedik, hogy valakit elvegyek. Így '83-ban „fészekhagyó" lettem, ahogy abban az időben hívták az otthonról lelépő fiatalokat. Sokan voltunk, akik ezt az utat választottuk. Többet nem léphettem be az apai házba, még a ruháimat sem hozhattam el, így indultam neki a világnak, abban a ruhában, amiben reggel eljöttem otthonról. Így kezdtem új életet, se egy szappan, se egy törülköző, se egy váltás alsógatya nem volt nálam.

Ezután is sok mindent megéltem az életemben, sok mindent átéltem, szinte akaratlanul is, de ma úgy látom, hogy így legalább meg tudok érteni más bajban lévőket, és ami a legfontosabb, segíteni is tudok nekik. Valahol ez a szándék motiválta ennek a könyvnek is a megírását.

3. FEJEZET

A felnőttkorom

*„Csak a hülyék tudnak mindent,
a többiek életük végéig tanulnak." (Albert Einstein)*

Hitvallásom:

*Ha valaki közületek nagy akar lenni, legyen a szolgátok, és ha valaki közületek első akar lenni, legyen mindenkinek a szolgája.
(Szent Biblia, Mk.10.43-44)
Mert aki sokat kapott, attól sokat követelnek, és akire sokat bíztak, attól annál többet kívánnak.
(Szent Biblia, Lk.12.48.)*

Fészekhagyóként az egyetemet úgy tudtam befejezni, hogy közben főállásban dolgoztam az építőiparban. Magamat kellett eltartanom. Ezért mindennap munka, munka, munka. Aztán született három fiam: Gábor, Sándor és Dávid, akikre nagyon büszke vagyok.

1987-ben meghalt Szeverényi György, a „Nagycsalád" korábbi vezetője, akit Frenyó László Béla követett. Első „intézkedése" az volt, hogy elutasította a „bűnösök" kizárását, sokszor személyesen keresve fel a korábbi „fészekhagyókat", hogy visszahívja őket. Idézem Szabóné Szeverényi Zsuzsát (ő a korábbi vezető lánya volt): „A szektás bezártságból egy szabad, Krisztus-központú világba léphettünk át".

A „múlt" megítélésével kapcsolatosan hadd idézzem egy orosz barátomat, aki egyszer azt mondta, hogy „Nem kell szégyellni a múltat, az is az életünk része. Akkor azt hittük, hogy az a jó. Ma már másként látjuk!"

Félreértés ne essék! A gyerekkorom ilyen részletes leírása lehet, hogy valakiknek azt sugallhatja, hogy dúl bennem a keserűség. Szó sincs róla! Nem! Én köszönöm Istennek, a szüleimnek, a Nagycsalád vezetőinek ezeket az éveket, igen sokat tanultam belőlük! A mai meggyőződésem, a másokért elkötelezett életem nem jöhetett volna létre ezek nélkül a megtapasztalások nélkül!

Most ugorjunk egy hatalmasat az időben.

Életem talán legszebb 3 hónapja, amire a legbüszkébb vagyok, 2015-ben volt, amikor is a társaimmal együtt megalapítottuk a Migration Aid Facebook-csoportot, és a többiekkel együtt sikerült a hazai menekülthelyzetet kezelnünk. Az első napokban, amikor kevesen voltunk, még gondot okozott 50–100 ember etetése. Hetek múlva viszont napi több ezer embert tudtunk ellátni élelemmel, ruhával, tisztálkodási szerekkel, játékokkal, főleg a Keleti, Déli, Nyugati pályaudvaroknál, Debrecenben és szerte az országban, hála a több tízezer adományozónak. Ott voltunk az egész országban, a hírünk bejárta a fél világot. Azt ma már elmondhatom, hogy már csak ezért is érdemes volt élnem!

Persze jellemző, hogy a gyerekkori „Nagycsaládi" tagok többsége menekültkérdésben a kirekesztők oldalára állt, engem keményen támadva a menekültek érdekében végzett tevékenységem miatt. Elfelejtették, hogy nem mi hoztuk ide azt a több százezer menekültet; volt egy tény, hogy itt vannak. Mi csak gondoskodtunk róluk, „enni adtunk az éhezőnek és inni adtunk a szomjazónak", és ahogy Baba, az akkori Migration Aid egyik oszlopos tagja mondta, mi semmi mást, „csak" reményt adtunk a reménységüket teljesen elveszítő embereknek.

Lehet, hogy kissé bő lére eresztettem az „önéletrajzi részt", de így talán érthető lesz a mindenkori, a fanatizmust kíméletlenül elutasító hozzáállásom, akár politikairól, akár vallásiról legyen szó.

„A haladás lehetetlen változások nélkül, és azok, akik nem tudnak változtatni a gondolkozásukon, nem tudnak változtatni semmin."
(George Bernard Shaw)

Utóirat

„Annak a kisgyermeknek a helyzetében vagyunk, aki bemegy egy ha-talmas könyvtárba, amely számtalan, különböző nyelven írt könyvvel van tele. A gyermek tudja, hogy valakinek meg kellett írnia azokat a könyveket. De hogy hogyan, az számára elképzelhetetlen. Nem érti a nyelveket, amelyeken a könyvek íródtak. Homályosan gyanít valami misztikus szabályt a könyvek elrendezésében, de nem tudja, mi az."
  (Albert Einstein)

„Bizony mondom nektek:
aki nem úgy fogadja az Isten országát, mint egy kisgyermek,
semmiképpen sem megy be oda."
(Mk 10,15)

A „kisgyermek" a görögben így szól: paidijon, vagyis nevelhető, fejlesztendő, gyarapodó gyermek, aki csecsemőkortól fogva teljes bizalommal van szüleihez, nemzőatyjához, szülőanyjához. Atyja minden szavát lesi, mert ő számára a sziklaszilárd biztonság, védelem, erősebb mindenkinél; felemeli, ha kell, karjára veszi, mindent megmutat neki, kérdezhet tőle bármit. Anyja a meleg védelem, a táplálója, a féltő szeretet megtestesítője, a bátorítója, vigasztalója, ha lefekteti este, mesél neki, míg el nem alszik. Ha elalszik, mély álomba merül és rosszat álmodik, felriad álmából, felserken, azonnal ott terem édesanyja és vigasztalja, bátorítja: „ne félj, kicsim, nagyra fogsz nőni – *tűzoltó leszel, katona, vadakat terelő juhász, látod, elalszik anyuka, aludj el szépen, kis Balázs* –, ne félj, velünk az Isten". (Immánuel)

Tiéd lesz egy új világ, te leszel a király! És a gyermek ELHISZI, HITTEL FOGADJA, és ÖRÖMMEL FOGADJA, mint az ajándékot karácsonykor, azonnal ki akarja bontani a szépen becsomagolt újdonságot, és kipróbálni. Egy újszülöttnek minden új ebben a világban, érdeklődve meg akarja ismerni ezt az új világot. Ha figyelmeztetik szülei a rá leselkedő veszélyekre, figyel és hallgat rájuk, engedelmeskedik. Teljes bizalommal van irántuk, tudva, hogy ők csak JÓT akarnak neki. Fejlődésének útja: szoptatás, szoktatás, nevelés. A neki jó példát mutató szüleit megtanulja tisztelni.

Az Isten szerinti gyermeki vonások: engedelmesség (ezt Jézus is szenvedések közt tanulta meg), tisztelet („ti gyaláztok engem, de én tisztelem az én Atyámat, vagyis azt cselekszem, amik néki kedvesek"), istenfélelem („és mikor Atyjához kiáltott erős kiáltással, könnyhullatással, meghallgattatott az ő istenfélelméért, istent tisztelő mivoltáért").

„A gyermek Jézus engedelmes volt szüleinek, hazament velük Názáretbe (mikor keresték a rokonok közt, közben ő 12 évesen a templomban társalgott a papokkal, és azok ámuldoztak tudásán, bölcs feleletein), s mikor anyja mondta, hogy *apáddal együtt két napja keresünk*, azt mondta: „ti nem tudtátok, hogy nekem az a fontos, hogy az én Mennyei Atyám dolgaival foglalkozzak?", és ezek után mégis engedelmesen hazament velük. Ezután egyre gyarapodott, növekedett, Isten és emberek előtt kedvelt lett. A GYERMEKBŐL FELNŐTT FIÚ LETT! „FELNŐTT KRISZTUSOK KELLENEK A VILÁGNAK" – mondta Ady.

Tehát aki nem így kezdi, nem így veszi magához, nem így fogadja magáévá ezt az újat, az Istennek emberben megvalósuló országát, uralmát, nem úgy fogadja örömmel, hogy én ezt meg akarom valósítani, utánozni fogom Atyámat, felnövök és megmutatom, hogy megcsinálom, megtanulom, levizsgázok, hiszem, hisz' meg tudom csinálni. Bizalommal vagyok Atyám iránt, hogy ő segít nekem, ha elakadok, tudom, hogy meghallgatja kéréseimet. Küzdök és győzni fogok!

Atyám, legyen meg a te akaratod, mert az a legjobb nekem! Megcsinálom, ha belehalok is!

Tetelesztai: „Elvégeztetett, befejeztem a művet, Atyám!" MOST DICSÉRD MEG A FIADAT, DICSŐÍTSD MEG! Már eddig is dicsértelek, fiam, de most MÉG JOBBAN MEGDICSÉRLEK, NAGY VAGY, FIAM, TIÉD MOST MÁR MINDENEM, MINDEN ERŐM, TUDÁSOM, HATALMAM!

Csecsemőből, gyermekből így kell csodás tetteket véghezvivő isten-fiakká lennünk, felnőtt Krisztusokká, másokat megelevenítő szellemi emberekké, isteni módon szerető szívűekké lenni nekünk is. AZ ISTEN ORSZÁGA SE NEM ITT VAN, SE NEM OTT VAN, AZ ISTEN ORSZÁGA TIBENNETEK FEJLŐDIK KI, LESZ TELJESSÉ, TELJES MENTŐ SZERETET VILÁGÁVÁ AZ EGÉSZ EMBERISÉG SZÁMÁRA.

Ha nem így kezdjük, mint kicsiny, nevelhető gyermekek, soha nem juthatunk be, nem juthatunk el odáig.

Búcsúzóul

Készülve a halálra…

„Rövid az élet, nem kéne egymást bántani, hiszen ha véget ér, már nem lehet sem bocsánatot kérni, sem megbocsátani."
(Facebook: „Örökké Szeress", és mindig boldog leszel)

Ez a fejezetcím – „Készülve a halálra" – sokaknak valószínűleg hidegrázást okoz, még bele sem mernek gondolni, mert rettegnek a haláltól.

Én nyugodtan merek erről írni, mert én nem a halálra készülök, hanem az életre, mint folytatásra.

Néhány évvel ezelőtt egy agyturkász ismerősömmel való beszélgetés közben feltette nekem a következő kérdést: „Sándor! Képzeld el, hogy bezárnak egy szobába, ahol se ajtó, se ablak, semmilyen bútor, és körös-körül minden fehér, hófehér. Mit tennél?" Kicsit elgondolkozva a következőt feleltem: „Körbevizelném a falat, de ilyen hullámosan, mintha hegyek lennének, és leülnék középre, és nézném a tájat"! (Elnézést a szóhasználatért, de tényleg ezt feleltem.) Nagytudású barátom megdöbbent a válaszomon, majd ezt mondta: „Látom, te nem félsz a haláltól!" Hogy ezt miből állapította meg, nem tudom, de hát ő a profi lélekbúvár.

Mi lesz a halál után? Van-e folytatás?

Ahogy erről már korábban is írtam, nem tudhatjuk, csak elhihetjük.

Hogy sokan miért rettegnek az elmeneteltől, most nem fogom itt részletezni, mindenki tudja saját magáról. A rettegés legfőbb oka, hogy nem hisznek a folytatásban, és ezért „nem akarnak megszűnni". Az viszont tény, hogy aki meghalt, azt ő már nem tudja, nem fogja fel a biológiai érzékszerveivel.

Ha nincs folytatás, ha az én létem a bölcsőtől a koporsóig tartott, akkor a halál közeledtével legfeljebb azt sajnálhatom, hogy az élet szép oldalait, a szeretteim közelségét már nem tudom tovább élvezni. A halállal megszűnök, kész, vége.

Én viszont hiszek a folytatásban, hiszem, hogy a szellemem egy szabad állapotban, a földi megkötözöttségektől mentesen tovább él. Hogy milyen formában, állapotban? Nem tudom, de nem is érdekel, mert a gyepes, korlátok közé szorított agyammal úgysem tudom racionálisan felfogni. A különböző teóriák, kitalált magyarázatok pedig nem érdekelnek.

Egy elhalálozás mindig is az itt maradottaknak nehéz. István bátyám már haldoklott rákos betegen, amikor utoljára találkoztunk a kórházban. Intett, hogy hagyjam magára, szinte alig érthetően csak annyit suttogott, hogy „én már meghalok, de menjél, és az itt maradókkal foglalkozzál".

Nem kell megmagyarázni, hogy az az állapot, amikor a szeretett embertársunk itt hagy, mennyi fájdalommal jár. Nincs több ölelés, nincs több mosoly, nincs több bátorító szó. Nincs tovább! Minden ilyen elválás annak fáj leginkább, akinek igazán hiányoztunk, amíg itt voltunk. Ebben az esetben nyújthat egy kevés vigasztalást a viszontlátás reménye, a tudat, hogy aki elment, nem szűnt meg, hanem ma már szabadon él. Valahol!

Ha már nyugodtan készülök az elmenetelre, akkor miért akarok mégis még itt maradni? Én igazából nem akarok, de tudom, hogy vannak még feladataim. Legfontosabb, hogy a párom életét, ameddig csak lehet, boldoggá tegyem! Számomra ez a legfontosabb. Persze örülök, ha a fiaimmal, unokámmal, még élő testvéreimmel, a rokonokkal, barátokkal, a szomszédjaimmal lehetek. Mindenkivel, akinek mosolyt tudok csalni az arcára, és akinek közelsége boldogsággal tölt el.

Nem tudom, mennyi feladatom lesz még az életben, én csak arra kérem Istent, hogy ha feladatot ad, akkor adjon erőt is annak elvégzéséhez!

A halál, a halálfélelem már nem tud uralkodni rajtam, élek, mert a kegyelem megtanított megbocsátani!

Legyen elég erőd, hogy tudj megbocsátani!

„Az élet mindazon funkciók összessége, amelyek ellenállnak a halálnak."
   (Xavier Bichat)

„Az élet híd, ne építs rá házat! Az élet folyó, ne kapaszkodj partjába! Az élet utazás."
   (Vikingek c. film)

„Az élet egy olyan film, aminek valaki elmesélte az elejét, de senki sem ismeri a végét."
   (Bud Spencer)

„Földi élet. Egy apró momentum két örökkévalóság között."
   (Karin Alvtegen)

Néhány gondolat egy általam nagyra becsült embertől, Morgan Freemantől

„Ha csak a természetet nézed, az életnek nagyon határozott célja van, és ez egy alapvető cél. Megismételni, reprodukálni, ennyi. Reprodukálni, meghalni, reprodukálni, meghalni, reprodukálni, meghalni. És mi mégsem látjuk ennyire egyszerűnek az életet. Műemléket építünk az örökkévalóságnak, csináljuk a dolgainkat, nem igazán vagyunk érdekeltek abban, hogy csak reprodukáljunk és meghaljunk. Inkább az érdekes számunkra, hogy emlékművet emeljünk magunknak, hogy te is tudd, hogy én itt voltam. Ugyan már, nagy ügy. Itt voltunk mindannyian."

„A megbocsátás felszabadítja a lelket és elűzi a félelmet."

„Az ókori egyiptomiak úgy hitték, hogy a halál után, mielőtt valaki a mennyország kapujába ért volna, két kérdésre kellett válaszolni, ami eldöntötte, hogy beléphet-e a mennybe, vagy nem.
   Az első kérdés az volt: Megtaláltad-e a boldogságot az életben?

A második kérdés meg így hangzott: Okoztál-e valakinek boldogságot az életed során?"

„A legjobb módja annak, hogy valamit elveszíts, ha feladod a küzdelmet."

PÁL APOSTOL első levele a Korinthusiakhoz, 13. fejezet

A szeretet himnusza

Szóljak bár emberek vagy angyalok nyelvén,
ha szeretet nincs bennem,
csak zengő érc vagyok, vagy pengő cimbalom.

Legyen bár prófétáló tehetségem,
ismerjem az összes titkokat és minden tudományt, legyen akkora hitem, hogy hegyeket mozgassak,
ha szeretet nincs bennem, mit sem érek.

Osszam el bár egész vagyonomat a szegények közt s vessem oda
testemet, hogy elégessenek,
ha szeretet nincs bennem, mit sem használ nekem.

A szeretet türelmes, a szeretet jóságos,
a szeretet nem féltékeny,
nem kérkedik, nem gőgösködik,

nem tapintatlan, nem keresi a magáét,
haragra nem gerjed, a rosszat föl nem rója,

nem örül a gonoszságnak, de együtt örül az igazsággal.

mindent eltűr, mindent elhisz,
mindent remél, mindent elvisel.

A szeretet nem szűnik meg soha.
A prófétálás véget ér,
a nyelvek elhallgatnak,
a tudomány elenyészik.

Tudásunk csak töredékes,
töredékes a prófétálásunk is.

De amikor eljön a beteljesedés,
ami töredékes, véget ér.

Amikor még gyermek voltam,
úgy beszéltem, mint a gyermek,
úgy gondolkodtam, mint a gyermek,
úgy ítéltem, mint a gyermek.
de mikor férfivá nőttem,
elhagytam a gyermek szokásait.

Ma még csak tükörben, homályosan látunk,
akkor majd színről színre.
Most csak töredékes a tudásom,
akkor majd úgy ismerek,
ahogy én magam is ismert vagyok.

Most megmarad a hit, a remény, a szeretet,
– ez a három,
de köztük a legnagyobb a szeretet.

Remélem, hogy a könyv olvasásával eljutott erre az oldalra is, és nem csak azért, mert gyorsan átlapozta.

Valószínűleg jogosan teszi fel a kérdést: „Most akkor mi van? Eddig azt hittem, értem a dolgokat, de most aztán teljesen öszszezavarodtam!"

Ha bármilyen kérdés, vélemény fogalmazódott meg önben, kérem, ossza meg velem! Igyekszem válaszolni! Akár levélben, akár szívesen elmegyek író-olvasó találkozókra is, hogy személyesen tehesse fel kérdését!

Ha úgy gondolja, hogy segíthet önnek ezen írásnak a folytatása, akkor kérem, írja meg, mire lenne kíváncsi, melyik területet vizsgáljunk meg egy esetleges új kiadványban.

Elérhetőségem: sujhelyi@gmail.hu

Köszönöm, hogy elolvasta az *Istenfélő ateizmus* című könyvemet!

Források, felhasznált irodalom

Az idézett személyeket az idézett szöveg után jelöltük zárójelben.
Szent Biblia
Magyar Katolikus Lexikon
Magyar Nyelv Értelmező Kéziszótára
Wikipédia
Wikiszótár
iszlam.com
Csermely Péter Blog
citatum.hu
Szabóné Szeverényi Zsuzsanna *Kisújbánya* c. könyve
Facebook
katakomba.cserkesz.hu
9am.hu

Felhasznált fényképek

A címlapon az „Imádkozó kislány" című festmény, Farid Mursalimov festménye. Fotó: Szabó Dániel
Ujhelyi családi fotók
A riportalanyok bocsátották rendelkezésünkre az őket ábrázoló fényképeket
Kökényesi Gábor

A szerző

Ujhelyi Sándor 1961. február 7-én született Egerben, Ujhelyi Aladár evangélikus lelkész és felesége, Monostori Márta kilencedik gyermekeként. Családja már a születésekor tagja volt egy vallási közösségnek, az Ágoston Sándor által létrehozott úgynevezett „Nagycsaládnak". Tanulmányait az egri 4-es számú általános iskolában kezdte, majd a Gárdonyi Géza Gimnáziumban érettségizett 1979-ben. Pap gyermekeként a szocializmusban nem volt egyszerű élete; a Budapesti Műszaki Egyetem Építészmérnöki Karára is csak a Felvételi Bizottság rendkívül szerencsés összetétele miatt tudott bekerülni. 1985-ben végzett. Egész életében vállalkozóként dolgozott, főleg az építőiparban. Három gyermeke van, Gábor, Sándor és Dávid.

1990 óta elnöke a főleg Oroszországgal foglalkozó Vállalkozók Klubja Egyesületnek. Egy ideig meghívott tagja volt a Magyar-Orosz Kormányközi Vegyesbizottságnak. Karitatív munkájának kiemelkedő állomásai a '80-as évek végén létrehozott békéscsabai „Fília" Alapítvány, az „Új emberközösségekért" Alapítvány, a 2015-ben általa megalapított, a menekülteket támogató „Migration Aid" Facebook-csoport. 2016-tól minden évben megrendezik a szegényeknek, hajléktalanoknak szóló „Rászorulók Karácsonya" nevű rendezvényt a Budapesti Blaha Lujza téren. 2016-ban kezdeményezője volt a CEKA, Civil Ellenzéki Kerekasztal létrehozásának, majd 2019-től elnöke az Új Alternatíva Pártnak.

A kiadó

*Aki feladja,
hogy jobbá váljon,
feladta,
hogy jobb legyen!*

E mottó alapján a novum publishing kiadó célja
az új kéziratok felkutatása, megjelentetése,
és szerzőik hosszútávú segítése. Az 1997-ben
alapított, többszörösen kitüntetett kiadó az egyik
legjelentősebb, újdonsült szerzőkre specializálódott
kiadónak számít többek között Ausztriában,
Németországban és Svájcban.

**Valamennyi új kézirat rövid időn belül egy
ingyenes, kötelezettségek nélküli kiadói
véleményezésen esik át.**

További információkat a kiadóról és
a könyvekről az alábbi oldalon talál:

www.novumpublishing.hu